넥스트

KI신서 2695
천재과학자 18인이 그리는 10년 후 미래

넥스트

1판 1쇄 발행 2010년 10월 30일
1판 2쇄 발행 2010년 11월 26일

지은이 조슈아 그린 외 **옮긴이** 한세정
펴낸이 김영곤 **펴낸곳** (주)북이십일 21세기북스
출판콘텐츠사업부문장 정성진 **출판개발본부장** 김성수 **인문실용팀장** 강선영
기획 · 편집 최혜령 **디자인** 박선향
마케팅영업본부장 최창규 **마케팅 · 영업** 김용환 이경희 허정민 김현유 우세웅 **해외기획** 김준수 조민정
출판등록 2000년 5월 6일 제10-1965호
주소 (우 413-756) 경기도 파주시 교하읍 문발리 파주출판단지 518-3
대표전화 031-955-2100 **팩스** 031-955-2151 **이메일** book21@book21.co.kr
홈페이지 www.book21.com **커뮤니티** cafe.naver.com/21cbook

ISBN 978-89-509-2648-9 13320
책값은 뒤표지에 있습니다.

이 책 내용의 일부 또는 전부를 재사용하려면 반드시 (주)북이십일의 동의를 얻어야 합니다.
잘못 만들어진 책은 구입하신 서점에서 교환해 드립니다.

용어 및 내용 확인_홍옥수

전문적 과학용어와 신생이론에 관한 내용을 우리말로 옮기는 과정에 도움을 준 홍옥수는 서울대학교에서
학·석사를 마친 후 현재 물리교육학과 박사과정에서 비형식 과학교육에 대해 연구 중이다.

넥스트
Next!
천재과학자 18인이 그리는 10년 후 미래

●조슈아 그린 외 지음 | 한세정 옮김●

21세기북스

Next!

10년 후, 인간과 세계는 어떤 모습일까?

나이와 상관없이, 다음 세대의 생각과 끊임없이 맞물리며 교감하는 것이 중요하다는 사실은 오랜 경험이 인간에게 가르쳐준 진리다. 그럼으로써 이 시대에 일어나는 일들뿐 아니라 미래에 직면할 문제 또한 더 잘 이해할 수 있기 때문이다. 특히 과학 분야에서 이를 실천하는 일은 가치 있다. 지금 이 순간에도 새로운 세대의 과학자들이 수많은 중요한 발견을 해내고 있다. 이들의 역량을 엿보고 싶다는 욕망 덕분에 나는 이 책에 실린 열여덟 편의 글을 한데 모을 수 있었다.

이 책의 필자들은 인간의 생활방식은 물론 인간 자체, 그리고 우주 속에 위치한 지구를 바라보는 방식에 지속적이고 근본적인 영향을 줄 다양한 질문들과 싸우고 있었다. 이들이 제시하는 아이디어의 도움을 받는다면, 독자는 우리가 과연 '누구'이며 또한 '무엇'인지 재정의할 수 있을 것이다.

필자를 선정하기 위해 나는 손꼽히는 과학의 대가들과 접촉해 각 분야에서 한창 주가를 높이고 있는 신예 과학자를 추천해달라고 부탁했다. 내가 기대한 필자 목록은 과학의 가장 벅찬 난제들과 씨름하면서 자신만의 새로운 제안을 해내는 이들이었다.

그들에게 나는 '지금 자신에게 던지고 있는 (가장 근본적인) 질문'에 대한 글을 써달라고 요청했다. 필자 대부분이 지금까지 대중을 상대로 글을 써본 경험이 없었기 때문에, 결과물은 특히나 신선했다. 이 책을 통해 만나볼 젊은 과학자 중 몇몇을 미리 소개하겠다.

- 베일러의대 실험실에서 인식과 행동에 관한 연구를 총괄하고 있는 데이비드 이글맨은 뇌가 시간을 인식하는 방법을 분석한다.
- 막스플랑크 진화인류학연구소 소속의 고고인류학자 카테리나 하바티는 과거 사람과科 동물의 멸종 증거를 제시하고, 이것이 인류 미래에 지니는 의미를 고찰한다.
- UCLA의 조교수인 매튜 리버맨은 인간이 특정한 아이디어를 형성하고 유지하는 데 뇌의 물리적 구조가 어떤 역할을 하는지 밝힌다.
- 캘리포니아공과대학의 선임연구원 션 캐럴은 아직 밝혀지지 않은 우주의 기원과 시간의 화살에 대해 논의한다.
- UCLA의 지리학과 교수이자 부학장, 그리고 지구우주과학과 교수인 로렌스 스미스는 기후변화 때문에 인류가 북방 변두리 지역으로 이주할 것이라는 가설을 제시한다.
- 스탠포드대학교에서 심리학과 신경과학, 상징체계를 강의하는 레

라 보로디스키는 언어가 사고를 형성하는 방법을 밝혀내고 있다.

• MIT에서 신경과학을 연구하는 샘 쿡은 기억의 조작과 그 윤리적 함의를 숙고한다.

이들 젊은 과학자들의 새로운 아이디어를 향한 대담한 탐험과 기존 지식의 경계를 확장하려는 시도는 나를 무척이나 고무시켰다. 이 책이 10년 후 사회를 이해하려는 독자를 위한 한 발 앞선 출발선이 되길 기대한다.

뉴욕에서
엮은이 막스 브로크맨

Next!_Contents

Part 3

낯선 세상이 온다
2020년, 위험하지만 매혹적인 미래

Part 4

자연세계의 퍼즐을 맞추다
우주 속 지구, 그 안의 인간

넥스트

Next!

Part 1

인간됨의 비밀을 밝히다

인간을 '인간'으로 만드는 것

OI
도덕적으로 진화한 뇌

조슈아 그린_하버드대학교 심리학과 조교수

다수의 행복 vs 도덕적 의무

다음과 같은 도덕적* 딜레마moral dilemma에 대해 생각해보자.

때는 전쟁이 한창 진행 중인 어느 날. 당신은 아기를 데리고 이웃들과 함께 적군 병사의 눈을 피해 지하실에 숨어 있다. 아기가 울기 시작하자 당신은 소리가 새어나가지 않도록 아기의 입을 막는다. 만약 손을 치우면 아기는 더 크게 울 것이고 그 소리를 들은 적군은 당신과 아기, 마을 사람들을 찾아내 모두 죽일 것이다. 그러나 만약 손을 치우지 않으면 아기는 질식사한다. 당신과 마을 사람들의 목숨을 구하기 위해 아기를 죽게 하는 것은 도덕적으로 용납할 수 있는 일일까?

이러한 질문에 답하는 건, 분명 마음 편한 일은 아니다. 하지만 유익

---

* 최근 심리학계에서, '도덕'은 뜨거운 관심을 모으고 있는 주제다. 이 장의 내용상, moral에 대한 번역은 특별한 경우를 제외하고 (윤리보다는) 도덕으로 통일하는 것이 적합하다.

하다. '우는 아기 딜레마Crying Baby dilemma' 라고 불리는 이 딜레마는 도덕과 정치 사상의 주요한 두 학파 사이의 긴장을 효과적으로 보여준다. 한편에는 제레미 벤담Jeremy Bentham이나 존 스튜어트 밀John Stuart Mill과 같은 공리주의 철학자들이 있는데, 이들은 도덕적 행동이란 궁극적으로 '최대 다수를 위한 최고의 행복' 을 제공하기 위한 노력이라고 말한다.

그런가 하면 한쪽에는 임마누엘 칸트Immanuel Kant와 같은 의무론적 철학자가 있다. 그는 권리와 의무가 때때로 더 큰 이익보다 중요하다고 생각했다. 우는 아기 딜레마에서, 다수의 이익은 (최소한 목숨을 건지는 사람들의 숫자라는 관점에서 본다면) 아기를 질식사시키면 충족된다. 그러나 많은 사람들이 아기를 죽이는 일은 선뜻 실행하기 힘든 비극적인 행위일 뿐 아니라 도덕적으로도 옳지 못한 일이라고 말할 것이다. 그것은 아기의 권리나 부모의 의무에 대한 침해 혹은 두 가지 모두이기 때문이다.

우는 아기 딜레마는 또한 인간의 뇌 조직을 들여다볼 수 있는 창이기도 하다. 사람들은 종종 '도덕적 능력' 이니 '도덕 감각' 에 대해 말하는데, 이는 도덕적 판단이 단일한 현상이라는 사실을 의미한다. 그러나 도덕적 판단에 대한 최근의 과학적 연구는 이와는 전혀 다른 주장을 한다. 도덕적 판단은 직관적인 감정적 반응과 좀더 의식적인 인지 과정 사이의 복잡한 상호작용에 의존하는 것처럼 보인다. 좀더 정확히 말해, 해를 끼치는 행동("아기를 질식사시키면 안돼!")에 대한 직관적인 감정적 반응은 일련의 뇌 시스템에 의존하는 반면, 인간의 좀더 통제 가능한 인지적 반응("아기를 죽이면 더 많은 이익이 돌아와.")은 그것과 다른 뇌 시스템에 의존한다.

위에서 말한 도덕적 딜레마 때문에 혼란스러움을 느낄 때, 이 두 신경 시스템은 서로 경쟁한다. 우리가 느끼는 인간적 고뇌의 감정은 바로 이 경쟁의 산물이다. 만약 내 말이 맞다면, 두 신경 시스템 간의 경쟁은 한 세기 넘게 지속된 밀과 칸트의 논쟁뿐 아니라 줄기세포 연구나 테러 용의자에 대한 고문과 같은 현대적 이슈에 대한 격론의 밑바탕에도 깔려 있다.

이번에는 '트롤리 문제Trolley Problem'라고 알려진 사고실험의 일부인 두 가지 딜레마에 대해 함께 생각해 보자(트롤리 문제는 현대 윤리학의 주요 테마로, 여기서 트롤리는 '전차'라는 뜻이다). 첫 번째 딜레마를 '스위치 딜레마Switch dilemma'라고 부르자. 이야기는 이렇게 전개된다. 폭주하는 전차가 다섯 명의 사람을 막 치려 한다. 하지만 전차를 옆 철로로 향하게 하는 스위치를 누르면 그들은 죽지 않는다. 단, 전차가 옆 철로로 달리게 되면 한 사람이 치어 죽게 된다. 이때 스위치를 누르는 건 옳은 일일까? 아마도 모든 사람이 그렇다고 대답할 것이다. 마치 공리주의 철학자들처럼.

이번에는 '인도교 딜레마Footbridge dilemma'에 대해 생각해보자. 여기서도 역시 폭주하는 전차가 다섯 명의 생명을 위협하고 있다. 하지만 이번에 당신은 스위치 옆이 아니라 철로와 한 뼘 거리의 인도교, 말하자면 달려오는 전차와 그것을 알지 못한 채 서 있는 다섯 명 사이에 서 있다. 그리고 당신 옆에는 덩치 큰 남자 한 명이 서 있다. 다섯 명의 목숨을 구할 수 있는 방법은 단 하나, 남자를 인도교에서 밀쳐 전찻길로 떨어뜨리는 것이다. 그러면 전차는 멈추고 그 과정에서 남자는 목숨을 잃는다. 다섯 명의 목숨을 구하기 위해 남자를 철로로 미는 행위는 옳은 일일까? (아마도 스스로 철로에 뛰어들겠다고 생각하는 독자가 있을지 모르겠다. 이 경우, 그럴 수 없다. 왜냐하면 당신은 전차를 멈출 수 있을 만큼 충분히 크지 않기 때문이다. 철로에 서 있는 다섯 명에게 큰 소리로 위험을 알릴 수 있다고 생각하는 독자도 있을 것이다. 불가능하다. 전차는 어찌 됐건 그 다섯 명을 확실히 칠 것이다. 아니면 이 모든 상황이 목숨을 걸고 다섯 명을 죽이려는 덩치 큰 테러리스트의 치밀한 계획이라고 생각하는 독자가 있을 수 있다. 역시 틀렸다. 그 남자는 테러리스트가 아니며, 철로에 선 다섯 명 역시 당신의 부모나 자녀, 친구 혹은 동료가 아니다. 한 마디로, 당신은 이 딜레마를 좀더 풀기 쉬운 어떤 것으로도 결코 만들 수 없다.)

이 경우, 대부분의 사람들은 다섯 명의 생명을 구하기 위해 한 사람을 희생시키는 것은 옳지 않다고 판단한다. 여기서는 칸트와 그의 동료들이 승리를 거두는데, 이는 대부분의 사람들이 인도교 위에 선 한 남자의 권리를 다수의 이익보다 우위에 두기 때문이다.

개인적인 딜레마 vs 비개인적인 딜레마

왜 첫 번째 경우에는 희생되는 사람의 숫자에 손을 들어주면서 두 번째 경우에는 그렇지 않을까? 몇 해 전, 내 머릿속에 퍼뜩 떠오른 건 다음과 같은 생각이다. 내 옆에 지금 살아 숨 쉬는 한 사람을 직접 밀어야 하는 인도교 딜레마 속의 행동은 스위치 딜레마 속의 행동보다 감정적으로 훨씬 더 격렬하고 생생하다. 바로 이 감정적 반응의 차이 때문에 우리는 두 경우에 대해 이토록 다르게 반응하는 게 아닐까?

나는 동료와 함께 위 가설에 대해 다음과 같은 실험을 실시했다. 우리는 '개인적인personal 딜레마'라고 명명한 인도교 딜레마와 '비개인적인impersonal 딜레마'라고 명명한 스위치 딜레마에 대해 사람들이 숙고하는 동안, 그들의 뇌를 촬영했다. 우리의 가설은 다음과 같이 예측했다. 개인적 딜레마는 감정과 관련한 뇌 영역의 활동 증가를 가져올 것이다. 반면, 비개인적 딜레마는 추론과 같은 좀더 많은 노력을 요하는 인지 과정과 관련한 뇌 영역의 활동 증가를 이끌어낼 것이다.

실험 결과는 우리의 예측과 맞아떨어졌다.* 좀더 정확히 말해, 인도교 딜레마와 같은 개인적 딜레마에 반응하는 것은 감정과 사회적 사고와 관련한 다른 뇌 영역과 함께 내측 전전두엽피질(medial PFC, 이하 내측 PFC)의 활동 증가를 가져온다. 반대로 스위치 딜레마와 같은 비개인적 딜레마는 배외측 전전두엽피질(dorsolateral PFC, 이하 배외측 PFC)의 활동 증가를 가져온다. 이 부위는 예컨대 전화번호를 외울 때 더욱 활발해지는, 전통적으로 '인지' 과정과 관련한 뇌 영역이다.

이것이 도덕적 사고에 대해 알려주는 것은 무엇일까? 자, 한번 생각해보자. 스위치와 인도교 딜레마에 대한 반응으로 사람들은 모두 공리주의적 추론을 한다. ('한 명을 희생해서 다섯 명을 구한다고? 괜찮은 계산 같은데.') 그러나 인도교 딜레마의 경우처럼 더욱 개인적인 위해危害에 대

---

* J. D. 그린 외, '도덕적 판단에 작용하는 감정적 연관에 관한 fMRI 연구', 《사이언스》, 293권, 5537호(2001) : 2105-8.

해서는 어떨까? 거기에는 부정적인 감정적 반응이 따른다. ("안돼! 그 남자를 밀지마.") 그리고 이 반응은 사람들의 결정에 지대한 영향을 끼칠 것이다. 스위치 딜레마의 경우, 감정적인 반응은 현격하게 약하다. 따라서 공리주의적인 추론이 결정을 지배하며 대부분의 사람들은 다섯 명의 생명을 구하는 쪽을 택한다. 인도교 딜레마의 결정을 지배하는 감정적인 반응은 감정과 관련한 뇌 영역의 신경 활동에 달려 있다. 반면에 스위치 딜레마의 결정을 지배하는 좀더 현실적 사고는 '인지'와 관련한 뇌 영역의 신경 활동에 좌우된다.

뒤따르는 실험에서 우리는 우는 아기의 경우와 같이 더욱 풀기 어려운 딜레마에 집중했다. 이것 역시 개인적인 딜레마지만 공리주의적 해석이 좀더 강하게 작용한다. 인도교 딜레마의 경우에는 한 명 대 다섯 명의 구도지만, 우는 아기 딜레마의 경우는 다르다. 만약 당신이 행동을 취하지 않는다면, 당신과 아기를 포함한 '모든 사람'이 죽는다. 스위치와 인도교 딜레마의 경우 사람들의 판단은 거의 일치한다. 그러나 우는 아기 딜레마의 경우에는 판단이 약 반반으로 나뉘며, 대답하는 데 상당히 오랜 시간이 걸린다.

어떻게 된 일일까? 내가 설명한 이론이 맞다면, 우는 아기 딜레마는 감정적 영역과 인지적 영역의 뇌 사이에서 갈등을 일으킬 것이다. 편리하게도 뇌에는 이런 종류의 내적 갈등에 믿을 만하게 반응하는 전두대피질anteror cingulate cortex이라는 영역이 있다. 뇌가 한 번에 두 가지 일을 수행하려 할 때 전두대피질은 "휴스턴, 문제가 발생했어."라고 말한다. 우는 아기 딜레마에 대해 반응할 때 이 영역이 더욱 활발히 움직일 거라고 예상했다면, 맞다. 실제로 그렇다.

만약 전두대피질이 "휴스턴, 문제가 발생했어."라고 말한다면, 다음과 같은 질문이 자연스럽게 뒤따른다. 휴스턴은 도대체 어디에 있을까? 휴스턴은 배외측 PFC로 밝혀진다. 이곳은 전화번호를 기억하고 추상적인 사고를 하는 뇌 영역이다. 이곳은 또한 충동을 억제하는 능력을 제공한다. 이러한 작용의 일반적인 목표는 인지적 통제cognitive control다. 목표나 의도에 맞추어 주의와 생각, 행동을 안내하는 능력 말이다. 만약 타인을 개인적인 방식으로 해치는 것이 감정적인 반응을 불러일으켜 "안돼!"라고 소리치게 된다면, 다수의 이익을 증진하기 위한 '개인적인' 위해를 승인하기 위해서는 감정적인 반응보다 우월한 능력이 필요하다. 그리고 이를 위해서는 인지적 통제의 근원인 배외측 PFC의 증가된 활동이 필요하다.

이것은 무엇을 의미할까? 사람들이 우는 아기의 경우와 같은 까다로운 딜레마에 대해 공리적인 판단을 내리려면 배외측 PFC의 활발한 활동이 필요하며, 우리는 실험을 통해 바로 그 사실을 확인했다.* 최근의 연구 역시 똑같은 패턴에 들어맞는다. 더 큰 이익을 위해 약속을 깨야 하는 딜레마를 피실험자에게 주었더니, 그 전 실험과 마찬가지로 실용주의적인 대답을 할 때 배외측 PFC가 더욱 활발하게 움직였다.

도덕적 판단에 대한 이러한 이중처리(이렇게 부르는 이유는 그것이 구별된 감정적, 인지적 과정을 두기 때문이다.)는 신경 계통 환자들의 행동에 대

---

* J. D. 그린 외, '인지적 갈등의 신경적 토대와 도덕적 판단의 통제', 〈뉴런〉, 44권, 2호 (2004) : 389-400.

한 흥미로운 예측을 낳는다. 전두측두 치매frontotemporal dementia를 앓는 환자는 감정적으로 무뎌진다고 알려져 있다. UCLA 연구팀이 스위치와 인도교 딜레마를 제시했을 때, 이들은 스위치 딜레마에 대해서는 대단히 일반적인 반응을 보였다. 하지만 살아있는 남자를 직접 밀쳐야 하는 인도교 딜레마에 대해서는 다른 사람들과 매우 다른 반응을 보였다. 즉, 평균보다 훨씬 높은 비율로 남자를 미는 행동을 승인했다. 남자가 죽는 것에 대한 감정적 반응을 느끼지 못한 채, 환자들은 그것을 괜찮은 선택으로 받아들이는 것 같았다.

미국 아이오와 주와 이탈리아에서 각각 실시된 또다른 실험 역시 이와 비슷한 결과를 얻었다. 감정에 기반한 결정을 내리는 데 중요한 영역이라고 알려진 복내측 전전두엽피질ventromedial PFC에 손상을 입은 환자들을 대상으로 한 실험이었다. 양쪽 그룹 모두에서 환자들은 인도교와 우는 아기 딜레마에 대해 유별나게 공리주의적인 반응을 보였다. 아이오와 주의 환자들은 실제로 대조군에 비해 다섯 배나 더 많은 비율로 공리주의적 반응을 보였다.

노스이스턴대학교Northeastern University의 피에르카를로 발데솔로Piercarlo Valdesolo와 데이비드 데스테노David DeSteno는 똑같은 결과를 얻기 위해 영리하고 좀더 고전적인 기법을 사용했다. 그들은 두 가지 다른 조건 아래서 사람들에게 스위치와 인도교 딜레마를 제시했다. 실험을 시작하기 전에 몇몇 사람들은 유명한 코미디 프로그램에서 가져온 재미있는 장면을 시청했다. 반면 다른 사람들은 특별한 감정적 반응을 일으키지 않는 화면을 시청했다. 스위치 딜레마에 대한 사람들의 반응은 어떤 화면을 시청했는지에 영향을 받지 않았다. 그러나 인도교 딜레마에 대한 반응은 달랐다. 실험 전에 코미디 프로그램의 일부분을 본 사람들은 다른 집단보다 네 배나 더 높은 비율로 남자를 밀어도 된다고 응답했다. 이 실험 결과가 의미하는 것은 약간의 긍정적인 감정이 부정적인 감정을 상쇄한다는 사실이다. 만약 긍정적인 감정이 없었다면 사람들은 남자를 밀어버리는 일에 대해 불편한 마음을 더 많이 느꼈을 것이다.

나는 동료와 함께 비슷한 실험을 수행했다. 이번에는 감정적인 면보다는 인지통제 과정에 초점을 맞춘 실험이었다. 실험에서 사람들은 컴퓨터 화면에 끊임없이 떠오르는 숫자들을 바라보면서 동시에 어떤 결정을 내려야만 했다. 그들은 화면에 숫자 5가 지나갈 때마다 버튼을 눌러야 했는데, 이런 종류의 성가신 작업을 '인지부하cognitive load'라고 한다. 이 작업의 목적은 배외측 PFC에 기반한 일종의 높은 수준의 인지 과정을 망쳐버리는 것이다.

우리는 다음과 같은 결과를 얻어냈다. 인지부하는 공리주의적인 응답("더 많은 생명을 살리기 위해 아기를 질식시켜라.")을 하는 속도를 늦춘다. 반면 의무론적인 응답("다 죽게 되더라도 아기를 질식시켜선 안돼!")에 대해서는 영향을 끼치지 못했다. (사실 인지부하는 의무론적인 응답의 속도를 높인다. 그러나 그 효과는 전체적으로 봤을 때 유의미한 통계적 중요성을 갖지는 못한다.)

이 두 연구는 마치 거울상과 같다. 감정과 관련한 작용을 막으면 좀더 쉽게 공리주의적인 판단을 내릴 수 있는 반면, 통제된 인지 작용을 막으면 공리주의적인 판단을 내리는 데 시간이 걸린다. 이러한 결과는 철학자들이 깜짝 놀랄 만한 일반적인 패턴의 일부다. 명백한 도덕적 의무

("전차를 멈추기 위해 사람을 희생해선 안 된다.")가 최대 다수의 행복("다섯 명의 목숨을 살리는 편이 낫다.")과 상충할 때, 의무에 무게를 두는 판단은 감정이 불러일으킨다. 반대로 최대 다수에 무게를 두는 판단은 좀더 통제된 인지 작용의 결과다. 이 사실은 놀랍다. 왜냐하면 의무를 최대 다수의 행복보다 우선시하는 칸트와 같은 철학자들은 합리주의자, 즉 이성에 기반해 도덕적 판단을 하는 사람들로 여겨지기 때문이다.

여기서 설명한 연구 결과에 근거해 나는 이렇게 주장한다. 공리주의적인 판단이야말로 (우리가 앞에서 휴스턴이라고 부른) 배외측 PFC에 의한 이성적 추론 과정에서 나온다. 물론 나 역시 이것이 깔끔하게 마무리될 수 있는 간단한 문제가 아니라는 사실을 안다. 데이비드 흄David Hume을 따라 나 또한 공리주의적인 계산에서조차 일종의 감정이 필요한 것이 아닌지 의심하며, 뇌영상 데이터에도 그러한 암시가 확실히 존재한다.

눈 앞의 고통에 반응하는 이유

사람들은 때때로 왜 이런 별난 가설적 딜레마에 마음을 쓰냐고 물으며, 대신 '진짜' 도덕적 의사 결정에 대해 연구하는 게 어떻겠냐고 내게 조언한다. 사실 이러한 딜레마들은 내겐 마치 유전학자들의 초파리와 같다. 그것은 실험실에서는 충분히 다룰 만하지만, 더 넓고 거친 바깥 세상에 대한 흥미로운 사실을 잡아내기엔 너무나 복잡한 존재다. 이 사실을 마음에 품고 이제 공리주의 철학자 피터 싱어Peter Singer가 고안해낸 마지막 한 쌍의 딜레마에 대해 살펴보자.

어느 날, 당신은 연못가를 걷다가 어린아이 한 명이 물에 빠진 것을 보게 된다. 손쉽게 연못 속으로 들어가 아이를 구할 수 있지만 그러면 새로 산 고급 이탈리아제 양복을 버리게 되므로 당신은 연못을 그냥 지나쳐 가버린다. 당신은 끔찍하게 무정한 사람인가? 대부분의 사람들은 그렇다고 답할 것이다.

다음 경우를 살펴보자. 당신은 유니셰프와 같은 명성 있는 구호 단체로부터 50만 원을 기부해달라는 내용의 편지를 받는다. 그 돈이면 음식과 약이 없어 죽어가는 아프리카 어린이 몇 명의 목숨을 구할 수 있다. 아이들이 가엾다고 생각하지만 당신은 이탈리아제 새 고급 양복에서 눈을 뗄 수 없고 결국 양복을 사기 위해 돈을 아끼기로 한다. 편지는 쓰레기통으로 향한다. 당신은 무시무시한 냉혈한인가? 대부분의 사람들은 다음과 같이 말할 것이다. 비록 성자 같은 사람은 아니지만 그렇다고 당신이 특별히 잘못한 것은 아니라고.

바로 눈 앞에서 물에 빠져 죽어가는 아이를 구하지 않는 것과, 지구 반대편에서 굶주림으로 죽어가는 아이를 구하지 않는 것의 차이점은 무엇일까? 이 문제에 대해 뇌는 이미 합리화를 시작하고 있다. 물에 빠진 아이의 경우에는 당신이 아이를 구할 수 있는 유일한 사람인 반면 가난한 아프리카 어린이를 도울 수 있는 사람은 당신 말고도 많다. 충분히 온당한 판단이다. 그러나 만약 당신이 다른 많은 사람들과 함께 연못 주위에 서 있었고, 그들 모두가 이탈리아제 양복의 안위에 더 신경을 쓴다면? (그들은 일 년마다 모이는 전국 바텐더 협회 회원들이었다.) 그렇다면 아이가 물에 빠져 죽어도 되는 걸까? 우리는 하루 종일 이 문제에 대해 생각할 수 있지만 만족스러운 해결책을 찾기는 힘들다.

먼저 스위치와 인도교 딜레마를 가지고 문제를 풀어보자. 앞서 설명한 대로 사람을 밀어 죽이는 일은 스위치를 누르는 것보다(비록 둘의 결과는 같지만) 훨씬 격한 감정을 느끼게 한다. 그 이유는 무엇일까? 이를 설명하는 데 진화론적 관점이 유용할 수 있다. 인간은 서로를 밀치거나 때때로 밀어뜨려 살해해야 하는 환경 속에서 진화해왔다. 우리는 기계를 매개로 한 위협이 자행된 시기에 진화하지 않았다. 그렇다면 현대적 형태의 폭력보다 좀더 개인적이고 기본적인 형태의 폭력이 도덕에 대한 인간의 의식을 더욱 자극한다고 말할 수 있다.

이타주의적인 행동과 그것을 뒷받침하는 감정 역시 비슷한 논리로 설명할 수 있다. 인간은 멀리 떨어진 낯선 사람의 생명을 구할 수 있는 환경에서 진화하지 않았다. 대신 지금 여기서 고통받는 사람을 구할 수 있는 환경에서 진화해왔다. 인간에게는 타인의 고통에 대해 흔들리는 깊은 감정이 존재하는데, 이것은 다른 사람과의 협동을 통해서만 살아남을 수 있는 피조물의 결정적인 특징이다. 그러나 자연이 미처 내다보지 못한 것이 있었으니, 그것은 언젠가 인간의 생존이 대양과 대륙을 넘나드는 협동에 의존할 수도 있을 거라는 사실이다. 그래서 인간은 멀리 떨어진 사람의 고통에 대해 선뜻 동요할 수 있는 마음을 미처 갖추지 못한 것이 아닐까?

인간은 무척이나 영리한 종이며 주어진 재능을 발휘해 지구상 어떤 생물보다 더 빠르고 강하며 위험한 존재가 되었다. 우리가 소유한 복잡한 인지능력을 현대 생활의 다양한 문제들에 적용한다면, 인간은 도덕적 본능의 한계마저 초월할 수 있을지도 모른다.

●

조슈아 그린Joshua D. Greene

●

인지신경과학자cognitive neuroscientist이자 철학자다. 1997년, 하버드대학교Harvard University 심리학과를 졸업하고 2002년, 프린스턴대학교Princeton University에서 박사학위를 받았다. 2006년부터 하버드대학교 심리학부 조교수로 일하고 있다.

그의 주요 관심 분야는 도덕의 심리적, 신경과학적 연구다. 도덕적 의사결정의 감정적, 인지적 상호작용 과정에 특히 관심이 많으며, 철학과 심리학 그리고 신경과학의 접점에 대해서도 폭넓은 관심을 기울이고 있다. 최근에는 새롭게 떠오르고 있는 '도덕의 과학적 이해'의 철학적 함의에 관한 책을 집필하고 있다.

02
생각의 방식을 결정짓는 언어의 힘

레라 보로디스키_스탠포드대학교 심리학과 조교수

인간 경험의 중심, 언어

셀 수 없을 정도로 다양한 방법으로 구사하는 현란한 언어의 배열을 통해 인간은 의사소통을 한다. 우리가 사용하는 언어가 과연 세계를 바라보는 시각과 생각하는 방법, 살아가는 방식을 형성할까? 다른 언어를 사용하는 사람들은 단지 언어가 다르기 때문에 서로 다르게 사고하는 걸까? 새로운 언어를 배우면 생각하는 방식도 바뀔까? 여러 나라 말을 할 줄 아는 사람은 다른 언어로 말할 때 생각하는 방식도 달라질까?

위의 질문은 인간 정신에 관한 연구의 거의 모든 주요 논점을 건드린다. 이 질문들은 철학자와 인류학자, 언어학자, 그리고 심리학자들의 논점과 관련되며 정치와 법, 종교에 대해 중요한 함의를 지닌다. 그러나 이러한 끊임없는 관심과 토론에도 불구하고 최근까지 이에 대한 경험적 연구는 극히 드물었다. 오랜 시간 동안, 언어가 사고를 형성한다는 생각은 기껏해야 검증할 수 없는 성질의 주장으로 여겨졌다. 그리고 그보다 자주, 단순히 잘못된 생각으로 치부됐다.

스탠포드대학교와 MIT의 연구실에서 작업하면서 나는 이 질문에 대해 다시 생각해볼 수 있었다. 나와 동료들은 중국과 그리스, 칠레, 인도네시아, 러시아, 그리고 오스트레일리아의 토착민 주거 지역 등 전 세계에서 자료를 수집했다. 자료들은 다른 언어를 사용하는 사람들이 정말로 다르게 사고한다는 사실과, 심지어 사소한 문법이 세계를 보는 방식에 깊은 영향을 끼칠 수 있다는 것을 보여주었다. 언어는 인간에게만 주어진 선물이며, 인간의 중심적인 경험이다. 언어가 인간의 정신생활을 건설하는 데 어떤 역할을 하는지 곰곰이 생각해보면, 우리는 인간성의 본질적 특성을 이해하는 데 한 발짝 더 다가서게 된다.

나는 종종 다음과 같은 질문을 던지며 학부 강의를 시작하곤 한다. "당신이 가장 잃어버리기 싫은 인지능력은 무엇입니까?" 대부분의 학생들은 시각이라고 답한다. 몇몇은 청각이라고 말한다. 간혹 재치 있는 학생이 유머 감각이나 패션 감각이라는 답을 내놓는다.

반면 가장 잃고 싶지 않은 인지능력으로 언어를 꼽는 학생은 거의 없었다. 그러나 시각이나 청각을 잃는다 해도 혹은 태어날 때부터 보거나 듣지 못한다 해도 인간은 여전히 충분히 풍부한 사회적 조건 속에 존재할 수 있다. 친구를 사귀거나 교육을 받을 수 있고, 직업을 얻고 가정을 꾸릴 수도 있다. 그러나 만약 언어를 습득하지 못한다면 삶은 어떤 모습일까? 여전히 친구를 사귀고 교육을 받고 직업을 구해 가정을 꾸릴 수 있을까? 언어는 인간 경험에서 너무나 본질적인 부분이기 때문에 인간이 인간일 수 있는 아주 중요한 요소가 된다. 따라서 언어가 없는 삶은 상상하기 힘들다. 자, 그렇다면 언어는 단지 생각을 표현하는 도구에 불과한 것일까, 아니면 정말로 우리의 사고를 형성할까?

다른 언어를 쓰면 다르게 생각할까

언어가 사고를 형성하는지, 한다면 어떤 방식으로 형성하는지에 대한 질문은 언어가 서로 다르다는 간단한 관찰에서 시작된다. 그렇다, 언어는 서로 대단히 다르다!

현실에서는 거의 있을 법하지 않은 예를 한번 들어보자. 당신이 "부시가 촘스키의 최신작을 읽었다."(Bush read Chomsky's latest book.)라는 말을 하고 싶어한다고 치자. 나는 동사 '읽었다read'에만 초점을 맞춰보겠다. 영어로 이 문장을 말하려면 동사의 시제에 주의를 기울여야 한다. 이 경우에 동사 read는 '리드reed'가 아닌 '레드red'로 발음해야 한다.

인도네시아어로 말할 때는 시제를 표시하기 위해 동사를 바꿀 필요가 없으며, 사실 그럴 수도 없다. 러시아어의 경우에는 시제와 성gender을 표시하기 위해 동사를 변경해야 한다. 그러므로 만약 책을 읽은 사람이 로라 부시라면, 당신은 조지 부시가 책을 읽었다는 의미의 문장과는 다른 동사를 써야 한다. 러시아어의 동사는 완료에 관한 정보까지 포함한다. 만약 조지 부시가 책의 일부만을 읽었다면, 책 전체를 성실하게 힘들여 읽었을 때와는 다른 동사를 써야 한다. 터키어의 동사는 그 정보를 얻은 방법까지 포함한다. 당신이 좀처럼 일어날 것 같지 않은 이 일을 직접 목격했을 경우, 특정한 동사 형태가 사용된다. 그러나 만약 당신이 단지 그것에 대해 전해 들었을 경우 혹은 부시가 한 다른 말에서 그 사실을 추론했을 때는 다른 형태의 동사를 써야 한다.

각기 다른 언어를 사용하는 사람들은 세계를 다르게 인식할까? 영어와 인도네시아어, 러시아어, 터키어 사용자들은 단지 다른 언어를 쓴다는 이유로 다른 경험을 하고 그것을 다른 방식으로 구분하고 기억할까? 몇몇 학자들은 이 질문에 대해 줄곧 확신에 찬 어조로 '그렇다'고 말해왔다. 그들은 '사람들이 말하는 방식을 보기만 해도 알 수 있지 않느냐?'고 주장한다. 확실히 다른 언어를 사용하는 사람들은 세계의 확연히 다른 측면에 주의를 기울이고 그것을 부호화해야 하며, 그래야 자신의 언어를 적절하게 사용할 수 있다.

이러한 주장에 반대하는 학자들은 사람들의 말하는 방식이 다르다는 진술이 설득력이 없다고 말한다. 인간의 모든 언어적 발언은 정보의 아주 작은 부분만을 부호화하는 참으로 빈약한 것이라는 주장이다. 영어를 쓰는 사람들이 러시아어나 터키어 사용자가 포함하는 정보를 동사에 포함시키지 않는다는 사실이, 영어 사용자가 그 정보에 주의를 기울이지 않는다는 것을 의미하지는 않기 때문이다. 그저 그것에 대해 이야기하지 않는다는 사실을 뜻할 뿐이다. 모든 사람이 같은 방식으로 사고하고 같은 것에 주목하지만 단지 다르게 말할 수 있지 않은가?

다른 언어 간의 차이를 믿는 학자들은 '모든 사람'이 같은 대상에 주의를 기울이지 않는다는 진술에 반대한다. 만약 그랬다면 외국어를 배우는 건 쉬운 일일 것이다. 불행히도 새로운 언어를 배우는 일은, 특히 자신이 알고 있는 언어와 밀접한 관련이 없는 경우 결코 쉽지 않다. 다른 언어를 배우려면 새로운 구분 체계에 주의를 기울여야 하기 때문이다. 스페인어의 독특한 문법이든 터키어의 증거성evidentiality(문법 범주의 하나–옮긴이)이든 러시아어의 (동사의) 상相이든 언어를 배우려면 단어를 외우는 것 이상의 무언가가 필요하다. 세계에 존재하는 적합한 대상에 주의를 기울여, 하고자 하는 말에 포함될 정확한 정보를 갖춰야 한다.

언어와 시공간 인식

언어가 사고를 형성하는지에 대한 논쟁은 수백 년 동안 제자리걸음을 해왔다. 다시 말해 언어가 사고를 형성하는 것은 불가능하다는 주장과 언어가 사고를 형성하지 '않는' 것은 불가능하다는 주장이 팽팽히 맞서왔다. 최근 내가 속한 연구 팀과, 또다른 연구 팀들이 이 오래된 논쟁의 핵심 질문을 실험할 수 있는 방법을 발견해냈다. 결과는 놀라웠다. 이제 무엇이 반드시 사실이어야 하며 무엇이 사실일 수 없는지에 관해 논쟁하는 대신, 무엇이 '실제로 사실인지' 알아보자.

나를 따라 오스트레일리아 북쪽, 케이프요크의 서쪽 가장자리에 위치한 작은 토착 공동체 폼프라우Pormpuraaw로 떠나보자. 내가 이곳에 온 이유는 지역 토착민인 쿠욱타요르족kuuk thaayorre이 공간에 대해 말하는 방식을 조사하기 위해서였다. '오른쪽', '왼쪽', '앞으로', '뒤로'와 같이 관찰자와 관련해 공간을 정의하는 영어와 달리 쿠욱타요르족은 북쪽, 남쪽, 서쪽, 동쪽과 같은 나침반상의 주요 네 방향과 관련한 용어를 사용했다. 이는 모든 경우에 해당한다. 즉 그들은 이렇게 이야기한다. "네

다리의 남동쪽에 개미 한 마리가 있어.", "북북서 방향으로 컵을 조금 옮겨봐." 이런 언어를 사용할 때 나타나는 명백한 결과 중 하나는 무엇일까? 당신은 언제나 어떤 방위를 향해 있어야 하며, 그렇지 않다면 적절하게 말할 수 없다. 이곳 사람들의 일상적인 인사는 "어디 가니?(Where are you going?)"인데 그에 대한 대답은 반드시 다음과 같은 것이어야 한다. "남남동 방향으로 조금 걸어야 해." 어느 방향을 향하고 있는지 알지 못한다면 가장 일상적인 인사조차 나누지 못한다.

그 결과는 무엇일까? 쿠욱타요르족과 같이 절대기준 틀absolute reference frame에 주로 의지하는 언어 사용자와 영어와 같이 상대기준 틀relative reference frame에 주로 의존하는 언어 사용자의 방향 능력과 공간 지식에는 큰 차이가 생긴다. 간단히 말해, 쿠욱타요르어를 쓰는 사람은 영어 사용자보다 자신이 지금 어떤 방향에 머물러 있으며 어디로 향하고 있는지 더 잘 안다. 낯선 환경이나 처음 가본 건물 안에서도 말이다. 언어 덕분에 그들은 뛰어난 방향 감각을 가질 수 있었다. 이런 식의 훈련을 받은 덕분에 그들은 방향에 관해 상상을 초월하는 독특한 능력을 갖추게 되었다.

공간은 인간의 사고에서 너무나 중요한 영역이다. 그렇기 때문에 공간에 대해 생각하는 방식의 차이는 단지 거기서 끝나지 않는다. 인간은 다른 더욱 복잡하고 추상적인 표현을 형성하기 위해 각자의 공간 지식에 의존한다. 시간이나 수, 음률, 친척 관계, 윤리, 감정의 표현은 모두 공간에 대해 사고하는 방식에 의존한다는 사실이 밝혀져 왔다. 만약 쿠욱타요르족이 공간에 대해 다르게 사고한다면, 시간에 대해서는 어떨까? 이 질문의 답을 찾기 위해 나와 동료 앨리스 개비Alice Gaby는 다시 폼푸라우를 찾았다.

이 가설을 실험하기 위해 우리는 그곳 사람들에게 시간의 진행 과정을 보여주는 일련의 사진, 예컨대 나이를 먹어가는 남자, 자라나는 악어, 먹혀가는 바나나의 사진을 나누어주었다. 피실험자가 할 일은 그 사진들을 시간 순서대로 바닥에 배열하는 것이었다. 모든 피실험자가 각각 분리된 두 자리에서 실험 대상이 되었다. 그리고 자리를 바꿀 때 다른 방위를 바라보게 했다. 만약 영어 사용자가 이 실험에 참여했다면 그는 왼쪽에서 오른쪽으로 사진을 배열했을 것이다. 다른 실험에서 히브리어를 쓰는 사람은 카드를 오른쪽에서 왼쪽 방향으로 눕히는 경향을 보였는데, 이는 히브리어에서 글을 쓰는 방향이 실험에서 어떤 역할을 한다는 사실을 보여준다. 그렇다면 '왼쪽'이나 '오른쪽'과 같은 단어를 쓰지 않는 쿠욱타요르족은 어떻게 카드를 배열했을까?

쿠욱타요르족은 왼쪽에서 오른쪽으로 혹은 오른쪽에서 왼쪽으로 카드를 더 많이 배열하지 않았다. 몸 쪽으로 혹은 몸 바깥쪽으로 더 많이 배열하지도 않았다. 그러나 무작위로 배열한 것은 아니었다. 거기엔 영어 사용자들과는 다른 패턴이 있었다. 왼쪽에서 오른쪽으로 시간의 흐름을 배열하는 대신, 그들은 카드를 동쪽에서 서쪽으로 배열했다. 즉, 남쪽을 마주하고 앉았을 때 그들은 카드를 왼쪽에서 오른쪽으로 배열했다. 북쪽을 마주하고 앉았을 때는 오른쪽에서 왼쪽으로 카드를 배열했고, 동쪽을 마주해 앉았을 때는 몸 쪽으로 배열했다. 그리고 서쪽을 마주할 때도 역시 같은 패턴이었다. 피실험자들에게 그들이 어떤 쪽을 향해 있는지 결코 알려주지 않았음에도 결과는 위와 같았다. 쿠욱타요르족 사람들은 이미 방향을 알고 있었을 뿐 아니라 동시에 이러한 공간의 방위측정 능력을 이용해 시간의 흐름을 표현했다.

시간에 대한 사람들의 인식은 다른 방식으로도 언어에 따라 다르다. 예를 들어 영어 사용자는 수평적 공간 은유를 사용해 시간에 대해 말하는 경향이 있다. "가장 좋은 것이 우리 앞에 있다."(The best is ahead of us.), "가장 나쁜 것은 우리 뒤에 있다."(The worst is behind us.)와 같은 표현이 그 예다. 반면 중국어 사용자는 시간에 대해 수직적인 은유를 쓴다. 예컨대 다음 달은 '아랫달down month'이고, 전 달은 '윗달up month'이다. 중국어를 쓰는 사람은 영어를 쓰는 사람보다 더 자주 시간에 대해 수직적으로 말한다. 그렇기 때문에 중국어 사용자는 영어 사용자보다 시간에 대해 수직적으로 생각할까? 다음의 간단한 실험을 생각해보라. 나는 당신 바로 앞에 놓인 공간에 찍힌 점을 가리키면서 당신 옆에 서 있다. 그리고 이렇게 말한다.

"여기 있는 이 점은 오늘입니다. 당신은 어제를 어디에 둘 겁니까? 내일은요?"

이런 질문을 받으면 영어를 쓰는 사람은 거의 항상 수평선상의 지점을 가리킨다. 그러나 우리가 실시한 실험에 의하면, 중국어를 쓰는 사람은 영어 사용자보다 약 7, 8배나 많은 수치로 수직선상의 지점을 가리켰다.

시간 인식의 기본적인 측면조차 언어의 영향을 받을 수 있다. 예를 들어 영어 사용자는 길이의 관점에서 기간에 대해 이야기하는 걸 더 좋아한다. "짧은 대화였어."(That was a short talk.), "만남은 그리 오래 걸리지 않았어."(The meeting didn't take long.)와 같은 표현을 생각해보라. 반면 스페인어와 그리스어 사용자는 시간을 양의 관점에서 말하는 걸 더 좋아한다. 즉, '많이much', '큰big', '적은little'과 같은 단어를 '짧은short'이나 '긴long' 보다 많이 쓴다.

  기간을 측정하면서 인지능력에 대한 우리의 연구는 다음과 같은 사실을 밝혀냈다. 다른 언어를 사용하는 사람들은 여러 가지 면에서 달랐다. 그 내용은 이들이 쓰는 언어에 나타난 은유 패턴에 의해 예측할 수 있다(예를 들어 기간을 어림짐작해 보라는 요구를 받았을 때 영어를 사용하는 사람들은 거리에 관한 정보 때문에 혼란을 느끼는 경향이 강했다. 그들은 길이가 더 긴 선이 시험 화면에 더 오래 머문다고 어림짐작했다. 반면 그리스어를 사용하는 사람들은 양 때문에 혼란을 느끼는 경향이 더 강해, 내용물이 꽉 찬 용기가 화면에 더 오래 머문다고 응답했다).

삶의 전 분야에 침투하는 언어의 힘

그렇다면 다음과 같은 중요한 질문이 제기될 수밖에 없다. 언어로 인한 차이는 순전히 언어 자체 때문일까, 아니면 문화의 다른 측면 때문일까? 물론 영어나 중국어, 그리스어, 스페인어, 쿠욱타요르어를 사용하는 사람들의 삶은 수많은 측면에서 서로 다르다. 그렇다면 각각의 문화의 다른 측면이 아닌 언어 때문에 다르게 사고한다는 사실을 어떻게 알 수 있을까?

  이 질문에 답하는 한 가지 방법은 사람들에게 새로운 방식으로 말하는 법을 가르친 다음, 그들의 사고방식이 변화했는지 살펴보는 것이다. 이같은 내용의 한 연구에서 실험자는 기간을 묘사할 때 크기 은유를 사용하도록, 그리고 사건의 순서를 묘사할 때 수직적 은유를 사용하도록 영어 사용자를 가르쳤다. 이러한 방식으로 시간에 대해 말하는 방법을 배우자 영어 사용자는 그리스어나 중국어 사용자와 닮은 인지 수행을 시작했다. 이는 언어 패턴이 사고방식을 건설하는 데 실제로 뜻하지 않은 역할을 할 수 있다는 사실을 뜻한다. 새로운 언어를 배우는 것은 새로운 사고방식 또한 배우는 것이다.

공간이나 시간과 같은 추상적이거나 복잡한 사고 영역을 넘어서, 언어는 시각 인식의 기초적인 측면, 예를 들어 색깔을 구별하는 능력에도 관여한다. 각기 다른 언어는 색깔의 연속체를 다르게 구분한다. 어떤 언어는 다른 언어보다 색깔 사이에 더 많은 구분을 두며, 그 경계 또한 언어마다 다르다.

색깔을 나타내는 언어의 차이가 색깔에 대한 인식의 차이를 가져오는지 시험하기 위해 우리는 영어와 러시아어 사용자가 파란색의 명암을 분별해내는 능력을 비교해 보았다. 러시아어에는 영어 사용자가 '파란색'이라고 부르는 모든 색깔을 포함하는 한 가지 단어가 존재하지 않는다. 러시아인들은 밝은 파랑goluboy과 짙은 파랑siniy를 반드시 구별해주어야만 한다. 이것은 짙은 파랑이 밝은 파랑보다 러시아인에게 유독 더 다르게 보인다는 사실을 의미할까? 실제로 데이터상으로 그렇다. 러시아인들은 다른 이름을 가진 두 색이 같은 범주에 들어있을 때 그것들을 더 빨리 구별해낸다.("하나는 짙은 파랑이고 다른 쪽은 밝은 파랑이군요!") 영어 사용자에게 이러한 명암들은 여전히 '파란색'이라는 같은 단어로 불리며, 반응하는 시간에 비교할 만한 차이가 없었다.

또한 언어의 하찮은 것처럼 여겨지는 측면조차 세계를 보는 방식에 관한 잠재의식에까지 영향을 미친다. 문법적 성性을 예로 들어보자. 스페인어와, 다른 로망스어에서 명사는 남성이거나 여성이다. 다른 많은 언어에서 명사는 더 많은 성으로 나눠진다. 예를 들어 몇몇 오스트레일리아 토속어는 열여섯 가지 성을 갖는다. 그것은 사냥 무기와 갯과동물, 빛나는 것들 혹은 인지언어학자 조지 레이코프George Lakoff 덕택에 유명해진 문구인 '여성, 불, 위험한 것들'을 포함한다.

언어가 문법적으로 성을 갖는다는 것은 다른 성에 속한 단어는 문법적으로 다르게 취급받고, 같은 성에 속하는 단어는 같은 취급을 받는다는 사실을 의미한다. 언어는 명사의 성에 따라 사용자가 발음, 형용사형과 어미, 소유격, 복수 등을 바꾸도록 요구한다. 예를 들어 '나의 의자는 오래되었다.' 와 같은 문장을 러시아어로 말하려면 당신은 문장 안의 모든 단어의 성을 '의자'에 맞춰야 한다. (러시아어에서 의자stul는 남성이다.) 그러므로 당신은 '나의', '되었다', '오래된' 의 남성형을 사용해야 한다. 이것들은 '나의 할아버지는 늙었다.' 에서처럼 생물학적 남성을 말할 때와 같은 형태다. 만약 의자에 대해 말하는 대신 러시아어에서 여성형인 침대krovat에 대해 말해야 한다면 당신은 '나의', '되었다', '오래된'의 여성형을 써야 한다.

문법에서 의자를 남성 취급하고, 침대를 여성 취급하는 것은 어떤 면에서든 러시아어 사용자가 의자를 좀더 남성적으로, 침대를 좀더 여성적으로 생각하게 할까? 그렇다. 어떤 연구에서 우리는 독일어와 스페인어 사용자에게 각각의 언어에서 반대의 성을 지닌 사물을 묘사하게 했다. 그들의 묘사는 서로 달랐는데, 그것은 우리가 문법적 성을 근거로 예측한 결과와 맞아떨어졌다.

예를 들어 독일어에서는 남성형, 스페인어에서는 여성형인 '열쇠'를 묘사하라고 했을 때, 독일어 사용자는 '딱딱한', '무거운', '뾰족뾰족한', '금속성의', '톱니 모양의', '유용한'과 같은 단어를 더 많이 사용했다. 반면 스페인어 사용자는 '금빛의', '섬세한', '작은', '사랑스러운', '빛나는', '아주 작은'과 같은 표현을 썼다. 독일어에서는 여성형이고 스페인어에서는 남성형인 '다리bridge'를 묘사할 때 독일어 사용자들은 '아름다운', '우아한', '연약한', '평화로운', '예쁜' 그리고 '날씬한'과 같은 표현을 사용했다. 반면 스페인어 사용자들은 '큰', '위험한', '긴', '강한', '튼튼한', 그리고 '우뚝 솟은'과 같은 표현을 썼다. 모든 실험을 문법적으로 성 구별이 없는 언어인 영어로 실시했을 때도 마찬가지였다. 똑같은 패턴의 결과가 그림 사이의 유사성 평가하기 같은 완전히 비언어적인 과제에서도 드러났다.

나는 생각을 형성하는 것 또한 언어 자체가 가진 측면이라는 사실도 보여줄 수 있다. 새로운 문법적 성 체계를 영어 사용자에게 가르치는 것은 사물에 대한 묘사에 영향을 준다. 독일어와 스페인어 사용자에게 준 영향과 같은 방식으로 말이다. 임의적인 것처럼 보이는 문법의 아주 작은 측면조차도 세상에 존재하는 구체적인 사물에 대한 사람들의 생각에 명백한 영향을 끼친다. 사실 언어의 이러한 영향을 확인하기 위해 굳이 실험실에 갈 필요도 없다. 미술관에 가면 당신의 눈으로 직접 확인할 수 있다. 그림에 나타난 유명한 의인화의 예들을 살펴보라. 화가들은 죽음이나 시간을 남성으로 그릴지 여성으로 그릴지 어떻게 결정할까? 예술작품에 드러난 의인화의 85퍼센트에서 남성이냐 여성이냐는 화가의 모국어 단어의 문법적 성에 따라 결정됐다.

예를 들어 독일 출신 화가는 죽음을 남성으로 묘사하는 경향이 강한 반면, 러시아 화가들은 여성으로 묘사할 때가 더 많았다. 이렇듯 문법상의 관습조차 인간의 사고에 영향을 줄 수 있다는 사실은 매우 중요하다. 이러한 변덕스런 관습은 언어 전체에 침투해 있다. 예를 들어 성은 모든 명사에 적용된다. 이는 문법적 성이 명사로 지칭될 수 있는 모든 것에 대한 인간의 사고방식에 영향을 준다는 뜻이다. 알다시피 명사는 무수히 많고 많다!

지금까지 언어가 공간과 시간, 색깔, 그리고 사물에 대한 인간의 사고방식을 형성하는 방법을 설명했다. 다른 연구들은 인간이 사건을 해석하고, 인과관계를 추론하며, 숫자를 추적하고, 물질을 이해하며, 감정을 인식하고 경험하며, 타인의 정신에 대해 판단하고, 위험을 감수하기로 결정하고 심지어 직업이나 배우자를 선택하는 데 작용하는 언어의 영향을 발견해냈다.

이러한 결과들을 종합해보면 다음과 같은 사실을 알 수 있다. 언어의 작용은 사고의 가장 기본적인 영역에 침투해서 인지와 지각의 가장 기본적 부분에서부터 가장 숭고한 개념이나 인생의 중대한 결정에 이르기까지 인간을 무의식적으로 형성한다. 언어는 인간됨의 중심 경험이며, 모국어는 우리의 사고방식과 세계관, 생활방식의 아주 깊은 곳까지 파고들어 형성한다.

●
레라 보로디스키Lera Boroditsky
●

스탠포드대학교Stanford University에서 심리학과 신경과학 그리고 상징체계를 강의하는 조교수다. 구 소련의 민스키에서 성장했다. 2001년, 스탠포드대학교에서 인지심리학cognitive psychology으로 박사학위를 취득한 뒤, 다시 스탠포드대학교로 돌아오기 전까지 MIT의 뇌 및 인지과학과에서 학생들을 가르쳤다.

보로디스키의 주요 연구 주제는 심적 표상의 본질the nature of mental representation과, 지식이 정신과 세계, 언어의 상호작용을 통해 발생하는 방법이다. 거기에는 언어와 문화가 인간의 사고를 형성하는 방법에 관한 연구도 포함된다. 이 때문에 그녀의 연구 팀은 인도네시아에서 칠레, 터키와 토착 오스트레일리아에 이르는 전 세계를 대상으로 정보를 수집한다.

O3
거울뉴런과 윤리적 본능

크리스천 케이서스_그로닝겐대학교 뇌과학 교수

타인이 나의 뇌에 들어오다

1990년대 뇌가 인간 행동을 통제하는 방법을 연구하던 지아꼬모 리조라띠Giacomo Rizzolatti를 비롯한 이탈리아 팔마대학교University of Palma의 신경과학자들*과 동료 연구자들은 중요한 발견을 했다. 연구팀은 아주 가는 전극을 사용하여 원숭이 뇌 안의 전운동피질premotor cortex의 뉴런 하나 하나의 움직임을 측정했다. 이 부위에는 물건을 잡거나 조작할 때 작용하는 뉴런들이 있다. 이 가운데 일부는 원숭이가 땅콩을 잡을 때 활동하고, 또다른 뉴런은 땅콩을 깔 때 활발히 움직인다. 원숭이는 이 뉴런들 덕분에 다양한 동작을 취할 수 있다. 사람의 뇌에도 전운동피질이 있어서, 수술 중에 외과의사가 이 부위를 자극하면 환자는 행동을

---

* 비또리오 가레세Vittorio Gallese와 레오날드 포가씨Leonardo Fogassi.

하고 싶은 충동을 느낀다고 한다. 전운동피질은 자발적 행동을 하거나 몸을 통제하는 데 매우 중요한 요소다. 말하자면 이곳은 인간 자유의지의 요새다.

자, 다시 이탈리아 팔마의 실험실로 돌아가 보자. 실험자가 원숭이에게 줄 땅콩 하나를 집었을 때 놀라운 일이 일어났다. 직접 땅콩을 잡을 때 작동하는 바로 그 뉴런이, 다른 사람(실험자)이 땅콩을 집는 모습을 보기만 했는데도 작동한 것이다.

리조라띠와 동료 연구자들은 처음에는 이 사실을 믿지 못했다. 자발적 행동에 관여하는 뇌 부위가 어떻게 다른 사람이 같은 행동을 하는 것을 보기만 했는데도 작동할 수 있을까? 연구진은 특정한 행동, 예컨대 물건 잡기에 관계된 뉴런은 그 행동을 하는 모습을 볼 때에도 역시 반응한다는 사실을 확신하게 되었다(다른 행동을 '볼 때'는 작용하지 않는다). 이것은 놀라운 일치였고 우연일 수는 없었다.

나중에 실시한 다른 실험에서는, 누군가 행동하는 '소리'만 들어도 그 행동에 관계된 뉴런이 작동한다는 사실이 밝혀졌다. 이런 뉴런을 '거울뉴런mirror neuron'이라고 부른다. 일련의 실험을 통해 사람도 이와 비슷한 시스템을 가지고 있다는 사실이 밝혀졌다. 다른 사람이나 동물, 심지어는 로봇의 행동을 볼 때마다 그 행동을 일으키는 인간의 뉴런 역시 작동했다.

만약 다른 사람의 행동을 보고 그 행동과 관계된 나의 뉴런이 작동한다면, 왜 인간은 다른 사람의 행동을 언제나, 노골적으로 모방하지는 않을까? 아마도 신경관문neural gate이 운동 지역에서 오는 신호를 막아서, 보고 있는 동작을 항상, 그대로 모방하지는 못하게 하는 것 같다는 게 그에 대한 답이다. 어쩌면 신경관문 뒤에서 뇌는 주위 사람들의 행동을 남모르게 따라 하고 있을지도 모른다.

다른 사람의 동작을 보고 나 또한 마치 그 동작을 하고 있는 것처럼 느끼기도 한다. 예를 들어 달리기 경주의 출발선에 서 있을 때 경쟁자가 잘못하여 먼저 출발하면 나 역시 자동적으로 뛰어나가려고 한다. 사람들이 춤추는 모습을 보면 내 몸도 두둥실 움직이는 걸 느낄 때가 종종 있다. 뇌의 운동 시스템은 자유의지의 보루로 여겨졌지만, 이와 같은 동작을 볼 때면 타인이 이 보루를 침공하고 있다는 생각이 든다. 당신의 행동이 나의 행동이 되고, 나의 행동이 당신의 행동이 된다.

이 현상은 육체적 동작에만 국한되지 않는다. 누군가가 내 어깨를 두드리면 체감각 피질somatosensory cortex이 그 감촉을 느끼게 한다. 그런데 누군가의 어깨를 두드리는 모습을 내가 '보기만' 해도 뇌의 동일한 부위가 자극을 받는다. 손가락을 베이면 나의 대상피질cingulate cortex과 전측뇌섬엽anterior insula이 아픔을 느낀다.

그런데 당신이 손가락을 벤 것을 내가 보았을 때도 뇌의 이 두 부위가 작동한다. 남이 아파하는 걸 보았을 때 느끼는 나의 고통은 직접 경험할 때만큼 아프지는 않다. 그러나 당사자보다 덜하기는 해도 우리는 고통을 느낀다. 영화 〈닥터 노Dr. No〉에서 타란툴라 독거미가 제임스 본드의 어깨 위를 기어가는 것을 보면 나의 어깨 역시 근질근질해지는 것도 비슷한 이치다.

뿐만 아니라 감정 역시 이와 유사한 법칙을 따르는 것 같다. 예를 들어 아주 역겨운 냄새를 맡으면 인슐라insula의 작용으로 혐오감을 느끼게 된다. 그런데 내가 다른 사람의 얼굴에서 혐오의 표정을 보기만 해도 마치 내가 그 느낌을 경험하고 있는 것처럼 뇌의 같은 부위가 자극을 받는다.

이와 같은 뉴런 활동의 공유는 주관적 경험과 동시에 일어난다. 우리 모두는 누군가의 웃음소리에 기분이 좋아지고 친구가 울 때 함께 슬퍼한 경험이 있을 것이다. 뇌가 다른 사람의 감정을 보고 자신의 감정을 작동시키기 때문에 다른 사람의 감정이 나에게 옮겨온다.

이러한 뇌 회로 덕택에 우리는 다른 사람을 아무 관계없는 타인으로 치부하지 않을 수 있다. 인간은 다른 사람의 행동과 감각, 감정을 마치 그들의 처지에 있는 것처럼 느낄 수 있다. 다시 말해 남이 곧 내가 된다.

회로 공유의 선물, 배움

회로를 공유하면 어떤 이점이 있을까? 인간은 다른 사람과 협력하고 서로에게 배우는 능력 덕분에 성공적으로 살아갈 수 있다. 수렵이 좋은 예다. 창과 근육운동의 조화만 지니고 있다면 인간은 커다란 버팔로나 털이 수북한 매머드를 쓰러뜨릴 수 있다. 언론은 주로 개인의 천재적 능력을 미화하고, 노벨상은 새로운 아이디어를 발명한 뛰어난 인물에게 수여된다. 그러나 정작 창과 같이 쓸모가 아주 많은 물건은 수천 년에 걸쳐 이루어진 완만한 기술적 개량의 결과다. 다시 말해 경험자에게 배운 지식에 자신의 새로운 생각을 더하고 그것을 다음 세대에 가르치는 일련의 과정을 거친 것들이다.

아무튼 인간의 뇌에는 분명 다른 사람으로부터 배우는 능력이 있다. 창 만들기를 배우는 과정을 생각해보자. 창 만드는 방법을 배우려면 먼저 다른 사람이 창을 쓰는 동작을 자신의 손이 창을 쓸 때와 비슷하게 움직이는 데 필요한 신경충동으로 변환시켜야 한다. 아마도 거울뉴런이 이 힘든 과제를 해결하는 것 같다. 우리가 어떤 행동을 볼 때마다 거울뉴런이 그것을 그 행동을 반복하는 데 필요한 운동명령으로 변환시킨다. 돌을 집어올리고, 날카롭게 갈고, 막대기를 골라, 돌을 막대기에 묶는 등의 과정을 지켜보면서 인간의 뇌도 유사한 행동 구성 요소를 작동시킨다.

이 과정에서 다른 이들과 감정을 공유하는 것은 중요한 요소다. 대부분의 동물은 시행착오를 통해 학습한다. 인간이 다른 사람의 행동과 감정을 공유할 때, 태초부터 존재해온 이 메커니즘이 사회적으로 학습된다. 전에 한 번도 본 적 없는 과일을 누군가 맛있게 먹고 있는 모습을 보면 어떤 작용이 일어날까? 인간의 뇌는 마치 자신이 그 과일을 먹고 맛있어 한 것처럼 '먹는다'는 행동에 따르는 긍정적 결과를 공유한다. 반면 과일을 먹은 사람이 혐오감을 나타내면 그 부정적 경험을 공유한다. 대리 시행착오학습 메커니즘vicarious trial-and-error learning mechanism은 그 과일을 먹는 것이 유익한 일인지 아닌지를 알려주며, 덕분에 우리는 식중독에 걸릴 위험 없이 학습할 수 있다.

이러한 뇌 회로는 다른 사람의 경험과 자신의 경험 사이의 경계선을 모호하게 하며, 인간의 경험은 흔히 문화라고 불리는 지식의 공유 풀pool에 녹아들어 간다. 다른 문화권의 언어를 습득하게 되고, 책과 텔레비

전, 인터넷 그리고 스마트폰 등이 등장하면서 이러한 나눔은 전 지구적인 현상이 되었고, 인간은 시간과 공간을 넘어서 서로의 경험을 교환할수 있게 되었다.

뇌, 윤리적 본능을 창조하다

우리가 내리는 결정 중 많은 것이 다른 사람에게 영향을 끼친다. 나와또 한 사람이 굶어 죽어가고 있는 상황에서 내가 음식을 발견했다고 가정해보자. 나는 그것을 혼자 먹어야 할까, 아니면 나누어 먹어야 할까?

개인주의적 관점에서 보면 음식을 혼자 먹는 것이 가장 합리적인 결정이다. 그러나 회로의 공유 덕분에 등식은 달라진다. 자신이 고통을느낄 때나 다른 사람이 고통을 느끼는 것을 보았을 때나 뇌의 동일한부위가 활발히 움직이기 때문이다. 이 사실은 다른 사람의 감정을 공유하는 것이 추상적인 고려 사항이 아니라 비록 강도가 낮기는 하지만 자신의 감정과 동등한 것이라는 사실을 뜻한다. 만약 음식을 혼자 먹어버리면 나는 타인의 고통을 목격할 뿐 아니라 공유하게 된다. 그러나 음식을 나누어 먹으면 기쁨과 감사의 마음을 공유한다. 그러므로 이제 결정은 나의 굶주림뿐 아니라 상대방의 고통과 기쁨이 나에게 줄 진정한고통과 기쁨에 좌우된다.

이러한 뇌 메커니즘의 힘은 사람마다 다르고 환경에 따라 변하지만,사람은 모두 어느 정도의 나눔을 실천하고 있다. 따라서 다른 사람 역시 결정을 내릴 때 나의 고통을 염두에 둘 거라고 생각하는 것은 이치에 맞는 이야기다. 다양한 사회에서 수행한 실험 결과에 따르면, 세계

대부분의 지역에서 사람들은 부를 독점하는 대신 나누려는 경향이 있다는 사실이 밝혀졌다.

다른 사람과 지식을 나누게 하는 회로는 인간 본성에 또 하나의 깊은 의미를 지녀 '직관적 이타주의intuitive altruism'의 기초를 놓는다. 대부분의 문화는 윤리의 황금률을 가지고 있다. 예를 들어 기독교는 '그러므로 무엇이든지 남에게 대접을 받고자 하는 대로 너희도 남을 대접하라 이것이 율법이요 선지자니라'라고 권고하며, 이슬람교는 '너희 자신이 원하는 것을 남에게 소원하여 주지 않으면 진실한 신자가 아니다'라고 주장한다. 인간은 무엇 때문에 직관적으로 이러한 금언에 따라 행동하게 되는 걸까? 이것은 타인의 고통과 기쁨을 공유하는 뇌의 메커니즘 때문이다. 인간의 뇌는 윤리적 판단을 하도록 만들어졌다.

하지만 이것이 인간이 다른 사람을 해치지 못한다는 사실을 의미하지는 않는다. 자신의 이해가 타인의 이해와 직접 맞부딪치면 이익을 좇는 마음이 감정의 공유보다 앞설 수 있다. 불행히도 인간은 교묘한 존재여서 다른 사람의 감정에 공감하는 것이 자신의 이익에 도움이 되지 않는 상황에서는 감정이입의 정도를 줄이는 방법을 고안해낸다.

예를 들어 전장에서 살육의 현장에 직접 투입되는 대상은 주로 병사들이다. 장군들은 참혹한 고통의 현장과 떨어져 있는 경우가 많은데, 이러한 거리가 고통에 대한 감정이입을 최소화하고 좀더 편하게 이익을 중심으로 결정을 내리게 한다. 마찬가지로 군대의 지휘 체계는 고통을 직접 목격해야 하는 병사들의 도덕적 책임을 면제해 준다. 이런 방법으로 공감은 능률을 위해 무시될 수 있다. 먼거리에서 적을 살상하는 무기의 개발도 비슷한 효과를 지닌다. 감정이입의 생물학이 주는 통찰은 이러한 '거리 두기'의 위험을 깨닫게 하며, 사회제도 속에 감정이입의 자연스러운 메커니즘을 도입하는 방법을 알려준다.

진화는 타인을 위해 이익을 포기하는 이타적 개인보다는 더 많은 자손을 남기는 개인을 선호한다. 따라서 다른 사람의 감정을 공유하도록 강요하는 뇌는 얼핏 보면 적자생존의 원칙과 상충하는 것처럼 보인다. 그러나 인간은 또한 사회적 동물이다. 두 종류의 가족을 한번 상상해보자. 한 가족은 구성원의 행동과 기분, 감정을 공유하는 반면, 다른 한 가족은 그렇지 않다. 두 번째 가족은 어떤 모습으로 살아갈까? 형제끼리 물건을 훔치고 사기를 칠 것이다. 서로에게 배우는 게 없을 것 또한 분명하다. 반면 강한 공감 능력을 지닌 첫 번째 가족은 어떨까? 그들은 상대방의 필요를 존중하고 서로에게 배우며 협력한다. 특히 협력하는 능력은 어려운 상황에서 큰 힘을 발휘할 것이고, 이 가족은 더 많은 자손을 남긴다.

감정이입의 능력 때문에 개인은 불행의 공유라는 대가를 치르기도 하지만, 그로 인해 발달된 문화와 안정된 사회가 제공하는 수많은 이익을 누릴 수 있었다. 다른 이의 감정을 꿰뚫어보게 하는 거울뉴런은 타인을 조정할 수 있는 능력 또한 준다. 하지만 뉴런에 대해 더 많은 지식을 쌓아갈수록 악이 아닌 선을 위해 그 지식을 사용하도록 스스로를 격려할 수 있다고 나는 생각한다. 다른 사람을 마치 자신의 분신인 양 진정으로 걱정하고 돌보는 그 무엇이 우리 안에 있다는 사실을 깨닫는 건 분명 마음 든든한 일이 아닌가!

●
크리스천 케이서스Christian Keysers
●

1973년, 벨기에에서 태어났다. 독일과 미국 보스턴에서 심리학과 생물학을 공부했다. 2000년에 스코틀랜드의 세인트앤드류스대학교University of St. Andrews에서 신경과학으로 박사학위를 받은 후, 이탈리아 팔마에서 연구 활동을 했다. 그곳에서 청각 거울뉴런의 발견에 기여했고, 감정과 감각 영역에 거울뉴런을 적용함으로써 거울뉴런의 개념을 확장시켰다.

현재 네덜란드 그로닝겐대학교Groningen University 의학센터 내의 신경과학센터 소장이며 그로닝겐대학교에서 뇌 과학을 강의하는 교수이기도 하다. 유럽위원회의 '마리 퀴리 상'을 수상했고 〈사회적 신경과학Social Neuroscience〉지의 편집자다.

04
인간, 똑똑함을 버리고 친근함을 택하다

바네사 우즈_생태작가

보노보와 인간은 어떻게 다를까

미케노Mikeno는 오른손으로 턱을 괴고 앉아 있다. 그의 모습은 로댕의 조각품 〈생각하는 사람Thinker〉과 놀라울 정도로 닮았다. 왼쪽 팔은 무릎 위에 걸쳐 있고, 눈은 마치 깊은 생각에 잠긴 양 약간 초점을 잃었다. 조심스럽게 가르마를 타 내린 검은 머리카락과 장밋빛 입술은 영락없는 인간의 모습이다.

그러나 그는 인간이 아니다. 미케노는 보노보bonobo(영장목 성성이과의 포유류. 처음에는 침팬지의 한 아종이었으나, 1933년에 독립된 종으로 분류되었다.-옮긴이)다. 아프리카에는 야생동물 고기 거래꾼에게 어미를 잃은 유인원을 위한 피난처가 많이 있다. 미케노는 그 중 롤라야Lola Ya에 있는 보노보 보호구역에 살고 있다. 보노보는 어떤 고릴라보다도 많은 DNA(98.7퍼센트)를 인간과 공유한다. 이것은 윤기나는 검은 머리 아래 마치 젊은 운동선수를 연상시키는 조각한 듯한 이두근과 잘 발달된 식스팩을 갖기에 충분한 수치다. 자, 그렇다면 이런 질문이 가능하다. 유전자의 30억 개에 달하는 뉴클레오티드nucleotide(핵산의 구성 성분—옮긴이) 가운데, 그를 인간이 아닌 보노보로 만든 1.3퍼센트는 도대체 어디에 있는 걸까?

인간은 수천 년 동안 인간다움이 과연 무엇인지 정의하려고 애썼다. 그리스 철학자 플라톤은 두 다리로 걷는 털 없는 피조물로 인간을 묘사했다. 플라톤 이후에도 수많은 정의가 등장했다 사라졌다. '인간만이 도구를 사용한다', '오직 인간만이 의도적으로 서로를 살해한다', '인간만이 영혼을 갖는다' 등이 그 예다. 이렇듯 마치 사막의 신기루처럼 인간에 대한 정의는 계속해서 변화했다.

사람과 동물hominids(현대 인간과 모든 원시인류—옮긴이)이 진화적 조상(침팬지와 보노보 역시 인간과 같은 조상을 가지고 있다.)에서 갈라져 나온 후 6백 년 동안, 인간의 뇌는 변화했다. 덕분에 인간은 협력의 대가가 되었고, 빠른 속도로 지식을 축적했으며, 도구를 제작해 결국 지구 전체를 정복했다. 진화가 진행되는 동안 인간은 민첩하고 무자비했다. 자, 그렇다면 인간은 왜 나무에서 내려왔을까? 언제부터, 어떻게, 왜 인간은 침팬지나 보노보와 다른 길을 걷게 되었을까?

상대의 마음을 읽어라

네 살 무렵이 되면 아이들은 다른 사람이 어떤 생각을 하는지 궁금해하기 시작한다. 예를 들어 네 살짜리 아이에게 껌 한 통을 보여주고 그 안에 무엇이 들어있냐고 물어보면, 아이는 "껌."이라고 답한다. 통을 열어 안에 껌 대신 연필이 들어있다는 걸 보여준 후, 통을 다시 닫고 다음과 같이 질문해보라. "(밖에서 기다리는) 엄마는 통 안에 무엇이 있다고 생각하실까?" 아이의 답은 역시 "껌."이다. 엄마가 연필을 보지 못했다는 사실을 알고 있기 때문이다.

그러나 네 살 아래의 아이들은 이 경우 "연필."이라고 답한다. 그들은 모든 사람이 자신이 아는 사실을 알고 있을 거라 생각하기 때문이다. 그들은 다른 사람의 마음 상태를 추정할 능력이 없으며, 위 실험의 경우에는 통 안에 무엇이 있는지 알기 위해서는 물건을 직접 봐야 한다는 사실을 깨닫지 못한다. 여기서 다른 사람의 마음 상태를 추정할 수 있는 능력, 다시 말해 타인이 어떤 생각을 하고 있는지 알 수 있는 능력을 가리켜 '마음읽기가 가능하다' 라고 말한다.

인간은 끊임없이 다른 사람이 무슨 생각을 하는지 알고 싶어한다. '그 남자는 내가 자기를 흘끗 쳐다보는 걸 봤을까?', '저 아름다운 여자가 나한테 접근하고 싶어할까?', '내가 자리에 없다는 걸 상사가 알까?' 마음읽기는 또한 군사 전략의 수립이나 정부의 조직 구성처럼 복잡한 사회적 행동을 할 수 있게 한다.

1990년대에 걸쳐 과학자들은 보노보와 마찬가지로 인간과 98.7퍼센트의 DNA를 공유하는 침팬지에게 마음읽기 능력이 있는지 알아보기 위해 수많은 선구적 실험을 수행했다. 라파예티에 있는 루이지아나대학교University of Louisiana의 다니엘 포비넬리Daniel Povinelli가 행한 실험에 대해 알아보자. 그는 침팬지에게 다음과 같은 사람들에게 각각 음식을 얻게 했다(몸짓을 사용하는 것은 침팬지의 선택에 맡겼다). 침팬지는 눈가리개를 한 사람, 양동이를 머리 위에 뒤집어 쓴 사람, 손으로 눈을 가린 사람, 그리고 아무 것으로도 눈을 가리지 않은 사람에게 각각 음식을 얻어내야 했다. 그러나 침팬지들은 그들 사이의 차이를 구분하지 못했다. 그들은 눈을 가린 사람에게도 그렇지 않은 사람에게 하듯 구걸하는 듯한 몸짓을 했다. 만약 침팬지가 이 실험의 결과가 암시하듯 마음읽기 능력을 지니지 못했다면, 이것이야말로 인간을 다른 동물과 구별시키는 특성일지 모른다.

그 후 브라이언 헤어Brian Hare와 조셉 칼Josep Call, 마이클 토마셀로Michael Tomasello가 라이프치히 동물원의 '볼프강퀼러 영장류 연구소'에서 암컷 침팬지 자하가에 대해 연구했다.

실험은 다음과 같이 진행되었다. 연구소의 방 안에는 바나나가 든 접시가 달린 방풍 유리벽이 있고, 실험자가 그 벽 뒤에 앉아 있다. 자하가가 곧 바나나를 발견한다. 그녀는 실험자가 자신을 지켜보고 있다는 사실을 잘 알고 있으며, 만약 자신이 다가가면 접시를 치워버릴 것 역시 알고 있다. 왜냐하면 그는 전부터 그런 식으로 자하가가 음식을 얻지 못하게 해왔기 때문이다.

바나나로 바로 달려드는 대신 자하가는 방 뒤쪽에서 어슬렁거린다. 마치 사소한 바나나 따위에는 관심도 없으며 그저 이 모든 놀이에 싫증이 났을 뿐이라는 듯이 말이다. 그녀는 뒤쪽 벽을 따라 놓인 칸막이 주위를 살금살금 걷다가 칸막이 뒤로 사라진다. 칸막이가 자신을 바라보는 실험자의 시선을 가린다는 사실을 알게 되자, 그녀는 몸을 낮춰 빠르게 칸막이 뒤로 걸어가 접시에서 바나나를 잡아채 간다.

이것은 상대가 자신을 볼 수 있는지 없는지에 근거해 침팬지가 능동적으로 상대방을 속이는지 여부를 연구한 최초의 실험이었다. 속임수는 마음읽기 능력을 지녔는지 알 수 있는 중요한 테스트다. 많은 경우, 상대를 속이기 위해서는 상대가 무슨 생각을 하는지 알아야만 한다. 그리고 상대방의 생각이 자신에게 유리하게 바뀌도록 상황을 교묘하게 조작할 수 있어야 한다. 이 실험에서 자하가의 행동은(그리고 후일 다른 침팬지들의 행동은) 기만적인 것 같았다. 이것은 상대가 자신을 볼 수 없는 장소로 살금살금 걸어갔기 때문만이 아니라, 속임수를 써 그를 속이려 했기 때문이다. 그녀는 마치 바나나에 관심이 없는 듯이 보였다. 즉 그녀의 의도에 대한 상대의 생각을 교묘하게 조작하려 애썼다.

자하가 이후, 이러한 맥락의 모든 실험은 다음과 같은 사실을 보여준다. 대단히 많은 상황에서 침팬지는 상대방이 무슨 생각을 하는지에 대해 생각했다. 서열이 낮은 침팬지는 가장 힘 센 침팬지의 시선에서 벗어난 곳에 놓인 음식을 항상 찾아다닌다. 가장 힘 센 침팬지가 그것을 볼 수 없다는 사실을 알기 때문이다. 당신이 갑작스럽게 위를 올려다보면, 침팬지 한 마리가 당신이 무엇을 보는지 궁금해하면서 그 시선을 좇고 있을 것이다.

자하가와 침팬지들은 어떤 단계에서는 정교한 마음읽기 능력을 보여주었지만, 다른 단계에서는 전혀 그렇지 못했다. 실험자가 자하가 몰래 두 컵 중 하나 아래 바나나를 숨긴 다음 바나나가 숨어 있는 컵을 손으로 가리킬 때, 어떤 일이 일어날까? 자하가는 실험자의 몸짓을 바나나를 찾는 데 이용하지 못한다. 컵 위를 톡톡 치거나, 밝은 색상의 블록을 컵 위에 올려놓거나, 아니면 컵 주위에서 춤을 춰도 결과는 마찬가지다. 물론 같은 실험을 수차례 반복하면 자하가는 패턴을 추측하기 시작할지 모른다. 그러나 만약 컵을 가리키는 대신 톡톡 두드린다면 그녀는 이 새로운 신호를 이용하지 못한다.

그러나 두 살 이전의 아이는 음식을 찾기 위해 상대의 몸짓을 이용할 줄 안다. 심지어 상대방이 음식이 든 컵을 바라보기만 해도 아이는 그 시선을 좇을 것이고, 그것을 이용해 정보를 얻는다. 숨어있는 음식의 위치를 알려줌으로써 상대가 자신을 도우려 한다는 사실을 이해하기 때문이다.

침팬지를 대상으로 한 이런 종류의 실험을 통해 다음과 같은 결론을 내려도 무방할 것 같다. 의사를 전달하는 몸짓을 이용하는 기술은 인간이 다른 유인원으로부터 계통적으로 갈라져 나온 이후 진화된 특성이다. 이런 방식으로 정보를 공유한 덕분에 초기 인류는 다른 동물에게서 볼 수 없는 훨씬 더 복잡한 형태의 문화를 발달시킬 수 있었다. 만약 그렇다면, 그 능력은 애초에 어떻게 진화한 것일까?

뛰어난 독심술가, 개

개를 키워본 사람은 누구나 알 것이다. 무언가를 원할 때(그리고 그것의 행방을 당신이 알고 있다는 사실을 안다면) 그들은 당신의 몸짓 언어를 읽는다. 아주 작은 단서도 눈치 빠르게 알아채는 매처럼 말이다. 우리 연구팀이 수많은 개들과 컵 놀이를 했을 때, 개들이 숨어있는 음식을 발견한 것은 그러므로 당연한 일이다 (이것은 개의 강력한 후각 때문이 아니다. 실험에서 우리는 시각 정보 외의 어떤 단서도 제공하지 않았다).

지구상에 생존하는 인간의 가장 가까운 친척이 실패한 일에서, 왜 개와 같은 동물이 성공을 거두었을까? 한 가지 가설은 개가 인간과 함께 살며 수천 시간 동안 상호작용을 하면서 인간의 몸짓 언어를 배웠다는 것이다. 또다른 가설은, 모든 개의 조상인 늑대의 무리 생활과 협동적 사냥 습관 덕분에 개를 포함한 모든 갯과동물이 사회적 신호와 더 잘 조화될 수 있었다는 것이다.

첫 번째 가설을 시험하기 위해 연구 팀은 강아지들과 어울려 놀아야 했다. 태어난 지 9주된 강아지들이 앞서 나온 컵 놀이를 통과한다면, 인간의 몸짓을 읽는 것은 아마도 개들이 태어나면서부터 지니고 있는 능력일 것이다. 강아지는 우리가 수행한 시험을 통과했다. 그러나 여전히 의문은 남아 있다. 생후 9주가 인간의 의사소통적 몸짓을 알아채는 데 충분한 시간인지 여부가 밝혀지지 않았기 때문이다. 그래서 인간과 거의 접촉하지 않은, 사육장에서 길러진 강아지들을 대상으로 다시 시험을 해보았다. 그들 역시 시험을 통과했다.

두 번째 가설을 시험하려면 좀더 크고 사나운 늑대들과 시간을 보내야 한다. 연구 팀이 보호구역에 수용된 늑대들을 대상으로 시험을 수행해 그 결과를 애완용 개들을 대상으로 한 시험 결과와 비교해보았다. 늑대들은 인간의 사회적 신호에 침팬지만큼도 반응하지 못했다.

그러므로 개들은 지난 4만 년 동안, 조상인 늑대에게서 떨어져 나와 가축화되는 과정에서 인간의 사회적 신호에 따라 행동하도록 진화되어

온 것 같다. 가축화가 정말로 문제 해결 능력에 이러한 변화를 가져올 수 있었을까? 정확한 답을 찾기 위해 우리는 시베리아 한가운데로 떠나야 했다.

생존하려면 친근하라

어느 여름 날, 연구 팀은 모스크바에서 노보시비르스크로 향하는 기차를 탔고 이틀 동안 환한 꽃들로 가득 찬 초원을 바라보며 달렸다. 노보시비르스크에 도착하면 다시 아카뎀고로도크로 향하는 30분 남짓한 여행이 남아 있었다. 그곳에서 현대 유전학의 가장 위대한 실험 중 하나가 이루어졌다.

드미트리 벨랴예브Dmitri Belyaev는 연구소에서 해고되었다. 유전학에 대해 그는 멘델의 학설을 지지했는데, 이것은 구 소련 최고의 과학자 토르핌 리센코Tropy Lysenko와 대립하는 것이었기 때문이다. 운 좋게도 모스크바에 있는 직장을 잃는 선에서 처벌은 마무리되었다.

그러나 스탈린 치하가 되자, 환경적으로 습득된 유전을 주장하는 리센코의 이론은 법에 반하는 것이 되어버렸고 수많은 뛰어난 과학자들이 강제노동 수용소에서 목숨을 잃었다. 1958년에 벨랴예브는 노보시비르스크로 옮겨왔고, 그곳에서 세포학과 유전학 연구소의 소장이 되었다.

그 후 몇 년간, 멘델의 법칙에 의거한 실험을 통해 그는 130여 종의 은빛여우를 개량하기 시작했다. 그는 간단한 방법을 사용해 한 그룹에게 심한 도태압력selection pressure을 가했다. 즉, 실험자에게 다가오는 여우는 대를 이을 수 있도록 교배를 시킨 반면, 사람을 향해 으르렁거리거나 공격성을 보이는 여우는 털코트 공장으로 보내버렸다. 다른 그룹, 즉 통제집단의 경우에는 사람에 대한 태도에 상관없이 무작위로 교배시켰다.

단 40세대 만에 첫 번째 그룹의 여우들이 변화를 보였다. 그것은 모든 사람이 수백만 년 정도 걸릴 거라 예상했던 변화였다. 여우들은 인간을 향해 믿을 수 없을 정도로 친근한 행동을 보였다. 사람을 볼 때마다 반가움에 짖어댔고 꼬리를 흔들며 냄새를 맡고 얼굴을 핥았다. 더욱 놀라운 사실은 통제집단보다 높은 빈도로 나타난 신체적 변화였다. 선택된 여우의 귀는 펄럭거리는 모양으로 바뀌었고 꼬리는 곱슬곱슬해졌다. 털은 위장색을 벗고 반점들이 생겼는데 특히 이마 쪽 털에는 별모양의 반점이 나타났다. 두개골은 작아졌다. 한 마디로, 선택된 여우들은 그들의 가장 가까운 친척인 개들과 놀랄 만큼 유사한 외모와 행동을 보였다.

이제 매우 중요한 시험이 남았다. 만약 개들이 가축화 과정을 통해 사회적 기술을 획득했다면, 아마도 선택된 은빛여우 역시 그러한 기술을 얻었을 것이다. 그렇다, 그들은 실제로 사회적 기술을 얻게 되었다. 가축화된 은빛여우는 개와 마찬가지로 인간의 몸짓언어를 읽을 수 있었다. 통제집단의 자손은 그렇지 못했다. 인간의 사회적 신호를 읽는 은빛여우의 기술은 퍼즐의 핵심적인 조각이다.

나를 포함한 대부분의 사람들은 가축화가 진행되는 동안 더 똑똑한 개들이 살아남아 번식했을 가능성이 크다고 생각한다. 그리고 이 영리한 개들에게서 특별한 사회적 기술이 진화한 것이라고 생각한다. 그러나 벨랴예브의 여우들은 평균보다 똑똑해지도록 개량되지 않았다. 단지 더욱 친근해지도록 개량되었다. 선택된 여우들은 인간에 대한 두려움을 잃어버리는 과정에서 인간의 사회적 신호를 읽는 기술을 얻은 것 같다. 여우들은 두려움을 잃는 대신 사람들과 상호작용하는 데 집중적인 관심을 쏟았다.

개들의 사회적 기술은 가축화가 진행되는 동안 비슷한 과정을 거쳐 진화되었을 것이다. 인간에게 먹이를 얻어먹는 데 유리해지기 위해 개의 조상들은 인간에 대한 두려움을 버렸다. 그 결과로서 (또한 우연히) 개들은 인간과 상호작용하는 동안, 자기끼리 상호작용할 때 사용하는 사회적 기술을 전개해 나갔다. 마치 인간이 그들 무리의 구성원이라도 된 듯 말이다.

인간의 진화 과정에서도 역시 비슷한 현상이 발생했다. 대를 이어 지구상에 생존하기 위해 인간은 가장 똑똑한 사람과서 동물이 되기 위해 힘을 기울이는 대신 사회적인 존재가 되기 위해 노력해온 것 같다. 그 편이 문제를 해결하는 데 더 유리했기 때문이다. 그래서 인간은 더 높은 단계의 적합성을 갖게 되었고, 시간이 흐르면서 더욱 섬세한 문제 해결이 가능하도록 도태가 이루어졌다. 인간은 먼저 친근해졌기 때문에 똑똑해질 수 있었다.

인간됨의 비밀, 협력

협력은 인간 성취의 초석이다. 협력은 인간의 섬세한 마음읽기 능력과 사회적 기술의 사용에 어느 정도 의존한다. 그러나 인간은 유능한 협력자가 될 수 있는 유일한 종은 아니었다. 그렇다면 인간은 어째서 유독 그토록 융통성 있는 협력자가 될 수 있었을까? 혹은 이렇게 표현해볼 수도 있겠다. 침팬지의 협력은 무엇이 잘못되었을까? 그들은 상당히 사회화된 그룹에서 살며 함께 음식을 사냥하며 정치적 관계를 유지한다. 그들은 무엇 때문에 협력과 의사소통과 관련한 문제 해결에 대해 개만큼도 융통성을 발휘하지 못했을까?

은감바Ngamba 섬 침팬지 보호구역은 우간다의 레이크빅토리아의 중간에 위치한 수백 에이커에 달하는 원시림으로, 청명한 날이면 물가 너머에서 침팬지의 울음소리를 들을 수 있는 곳이다. 밤이 되면 침팬지들은 우리 안에 들어간다.

그 안에서 키도고와 코니가 딜레마에 빠져있다. 침팬지의 손에 닿지 않는 곳에 나무로 만든 널빤지가 있다. 널빤지의 양쪽 끝에는 먹이가 높이 쌓여 있는데, 음식을 손에 넣으려면 둘은 널빤지에 달린 금속 고리에 꿰어놓은 줄을 양쪽에서 동시에 잡아당겨야 한다. 만약 둘 중 하나만 잡아당긴다면 줄은 풀어져버리고 널빤지는 그 자리에 그대로 있게 된다. 가장 힘 센 침팬지인 키도고는 코니를 옆으로 밀치고 코니 쪽 줄을 잡아당겼다. 그러자 줄은 휙 풀어져버렸고 아무도 먹이를 얻지 못했다.

키도고의 행동은 우리를 어리둥절하게 만든다. 야생에서 침팬지는 훌륭한 협력자이기 때문이다. 그들은 복잡하고 조직적인 방법으로 종종 함께 먹이를 사냥한다. 그러나 이런 종류의 협력을 위해서 아마도 침팬지의 머릿속에는 많은 생각이 오고 가지 않을 것이다. 어쩌면 단순히 각자 같은 대상을 원하면서 모두가 같은 시간, 같은 장소에서 일하고 있는 것일지도 모른다. 그러다 우연히 먹이를 얻는 데 성공하게 되고, 인간의 눈에는 그것이 협동적인 노력으로 비춰진 것은 아닐까?

먹이를 주는 시간에 키도고와 코니를 관찰해보라. 그들은 먹이를 나누어 먹지 않는다. 만약 코니에게 먹이 한 조각이 있고 키도고가 그 주위에 있다면, 키도고는 코니에게서 먹이를 강탈한다. 반면 샐리와 베키는 마치 친자매처럼 보호구역 안에서 함께 자랐다. 둘은 항상 평화롭게 먹이를 나누어 먹는다. 둘은 앞에 나온 줄 실험을 한 번 만에 성공적으로 통과했다. 확실히 침팬지들은 자발적으로 협력할 수 있다. 그들은 언제 파트너가 필요한지 아는 것은 물론, 누가 좋은 파트너인지도 기억한다. 가장 힘 센 침팬지 가운데 하나인 마와는 그리 좋은 협력자가 아니다. 그는 파트너가 다른 쪽 줄을 잡을 때까지 기다려주는 대신 혼자 줄을 당겨버린다. 반면 밤발레는 아주 훌륭한 협력자다. 그는 파트너를 기다릴 줄 알며 그래서 항상 먹이를 얻는다. 처음에 다른 침팬지들은 마와와 밤발레를 동일한 비율로 선택했지만, 마와가 일을 망쳐버린 후에는 대부분의 실험에서 밤발레를 선택했다.

그러나 침팬지 사회의 협력은 상당히 제한적이다. 침팬지들은 오직 평소에 음식을 공유하던 익숙한 그룹의 구성원들하고만 협력했다. 만약 그들이 잠재적 파트너를 알지 못하거나 싫어한다면, 얼마나 많은 먹이가 걸려 있든 상관없이 협력하지 않았다. 그러나 인간은 유기적인 협력 관계를 유지한다. 그 대상이 모르는 사람이거나 많은 경우 특별히 좋아하지 않는 대상일 경우에도 마찬가지다. (당신의 상사를 한번 떠올려보라!) 이런 높은 수준의 사회적 관용이야말로 인간이 가진 독특한 협력 형태를 완성하는 조각 가운데 하나다. 그러므로 관용의 부족은 침팬지가 좀더 융통성 있는 협력 기술을 발전하지 못하게 한 주요 제한 요소 가운데 하나일 확률이 크다. 그러나 인간에게는 또다른 가까운 친척이 있다. 기억에서 잊혀진, 그러나 알려진 것보다 더 많이 우리를 닮은 누군가가.

상생의 조건, 관용

침팬지 사회는 영아살해 성향과 이런 저런 형태의 무자비한 공격성을 지닌 수컷이 지배하는 곳이다. 반면 보노보는 암컷 중심의 대단히 관용적이고 평화로운 사회에 살고 있다. 그룹의 결속을 유지하고 성적性的 행동을 통해 긴장을 규제하면서 말이다. 보노보는 침팬지보다 관용적이다. 보노보의 협력 능력에서 이 사실이 의미하는 것은 무엇일까?

은가바 섬에서 침팬지를 대상으로 한 실험이 계속되었다. 먹이가 널빤지의 양쪽 끝에 나눠져 쌓여있는 한, 대부분의 침팬지들은 잘 협력했다. 그러나 먹이를 한쪽 끝에만 쌓아올리자 그들의 협력 관계는 무너져버렸다. 실험에 참가한 침팬지들이 비교적 서로에게 관용적이며 이전에 '줄/널빤지 시험'을 여러 차례 통과했다 하더라도, 가장 힘 센 침팬지가 먹이 전체를 차지할 수 있는 상황이 올 때마다 대부분의 침팬지들이 줄을 당기기를 거부했다.

보노보를 대상으로 같은 실험을 했을 때, 그들은 첫 번째 실험에서부터 함께 놀고 협상하기 위해 성적인 관계를 맺었다. 암컷들은 함께 클

리토리스를 문질렀고 수컷들은 다른 수컷과 섹스를 했다. 연령이나 성별은 문제가 되지 않는 듯했다. 섹스는 화를 누그러뜨리고 연대를 형성하는, 그룹의 긴장을 완화하는 활동이었다. 이것은 또한 협상 활동으로도 보였는데 덕분에 보노보들 사이에는 높은 수준의 관용이 생겨났다.

자, 침팬지는 협력을 잘하지만 그리 관용적이지 않다. 반면 보노보는 매우 관용적이지만 야생에서 협력을 잘하는 편은 아니다. 6백만 년 전, 침팬지와 보노보와 함께 유전자를 공유했던 조상들에게서 인간이 떨어져 나오면서 다음과 같은 일이 생긴 것은 아닐까? 인간은 매우 관용적이 되었고 덕분에 완전히 새로운 방식으로 협력할 수 있게 되었다. 이러한 강화된 관용성 없이는 인간은 지금의 모습을 할 수 없었을 것이다.

보노보도 슬퍼할까

보노보를 침팬지보다 인간과 더욱 가깝게 만드는 요소는 자발적인 협력만이 아니다. 인간과 비슷하게, 보노보는 성적인 차이점이 덜 명백해서 수컷은 신체적으로 암컷과 두드러지게 다르지 않다. 또한 암컷 보노보는 인간처럼 강한 유대를 형성한다. 암컷 침팬지는 그렇지 않다. 인간과 보노보는 기질도 비슷하다. 둘 다 위험을 싫어하며 새로운 것을 경계한다. 보노보를 이해하는 것은 인간다움이 무엇인지 밝혀내는 데 결정적으로 중요하다.

불행히도 보노보의 개체 수는 빠르게 줄어들고 있다. 콩고민주공화국은 보노보의 유일한 토착 주거지다. 그러나 그곳에서 일어나는 잦은 전쟁은 보노보를 연구하는 일을 더욱 어렵게 한다. 롤라야와 은감바

섬, 그리고 침팬지를 위한 피난처인 침풍가Tchimpounga를 비롯한 아프리카의 유인원 보호구역은 인간의 가장 가까운 친척의 마음을 탐구할 수 있는 흥미로운 기회를 제공한다.

실험실에 갇힌 동물이 만성적인 심리적, 육체적 고통을 겪는 반면 보호구역의 유인원은 열대우림의 광대한 지역에 위치한 넓은 사회적 집단에서 살아간다. 연구자들은 이렇게 반쯤만 갇힌 상태의 유인원을 대상으로 실내 우리에서 실험을 할 수 있는데, 이것은 전통적인 실험실과 비슷하지만 비용이 훨씬 적게 든다. 보호구역의 동물들은 경련이나 배설물 먹기와 같은 비정상적인 행동을 보이지 않으며, 다양한 신체적 과제에서 실험실에 갇힌 유인원보다 더 뛰어나다. 그것은 아마도 그들을 둘러싼 일상 환경의 풍부함 때문일 것이다.

마치 로댕의 조각상처럼 앉아 있던 미케노는 2006년 9월에 세상을 떠났다. 부검 결과, 뇌에는 타박상의 흔적이 있었다. 나무에서 떨어진 후 뇌진탕으로 죽은 것이다. 미케노의 가까운 친구 이시로는 그의 곁에 앉아서 좀처럼 떠나지 않았다. 그녀는 죽음이 무엇인지 아는 걸까? 그녀 역시 사람처럼 슬픔을 느끼는 걸까?

인간을 인간으로 만드는 것이 무엇인지 우리는 아직 정확히 알지 못한다. 그 질문에 답하려면 아직도 너무나 먼 길을 가야 한다. 그리고 우리 앞엔 여전히 수천 개의 질문이 대답을 기다리고 있다. 침팬지를 침팬지로 만드는 것, 보노보를 보노보로 만드는 것은 과연 무엇인지에 관한 질문 말이다.

바네사 우즈Vanessa Woods

뉴사우스웨일즈대학교University of New South Wales에서 생물학과 영문학을 복수전공했다. 2004년, 호주국립대학교Astralian National University에서 과학 커뮤니케이션으로 석사학위를 받았다. 수상 경력이 있는 기자이기도 한 그녀는 현재 '사람과科 동물심리학 연구모임'의 연구원이며, 아프리카에서 보노보와 침팬지의 심리학을 공부하고 있다. 《보노보 악수Bonobos Handshake》 등 다수의 책을 출간했다.

05
상상력의 치명적 중요성

디나 스콜닉 와이즈버그_예일대학교 심리학과 박사과정

현실을 벗어나는 마법의 주문, '만약~라면'

인간의 인지능력에 관한 비범한 사실 중 하나는 우리가 현실에만 빠져 살지 않는다는 것이다. 인간은 기억을 통해 자신의 과거로, 역사를 통해 외부 세계의 과거로 여행할 수 있다. 또한 미래로 나아갈 수도 있으며 판타지의 영역으로 걸어들어갈 수도 있다. 아주 어린 아이들조차 현실을 넘어 판타지의 영역으로 폴짝 뛰어넘어갈 수 있다. 이 능력의 가장 초기의 예는 '가상놀이let's pretend'다. 아이는 실재 과자 없이도 과자 파티를 열 수 있고, 자동차 소리를 내면서 탁자 위로 연필을 움직일 수 있다. 연필이 차가 아니라는 사실을 충분히 알고 있음에도 말이다.

이제 막 흉내내기 놀이를 시작한 두 살짜리 아이를 관찰하던 연구자들은 다음과 같은 사실을 발견했다. 아이들은 곰 인형 위에 물을 붓는 시늉을 하면 곰이 물에 젖을 거라고 생각했다. 그러나 아이들은 자라면서 현실과 판타지에 대해 깊이 이해하게 되고, 가상놀이와 (자신이 지어내지 않은) 이야기에 대해 좀더 성숙한 방식으로 상호작용하기 시작한다. 적어도 네 살까지, 종종 그보다 더 일찍 아이들은 현실과 환상의 차이에 대해 확실히 이해하게 된다. 아이들은 마녀와 요정과 같은 대상이 실재로 존재하는 것은 아니라고 말한다. 그리고 부엌에서 요리하는 곰의 그림이 실제 사건을 묘사하는 것이 아니라는 사실을 안다. 곰과 부엌은 실재한다는 걸 알면서도 말이다. 아이들은 또한 실재와 환상의 차이점을 알고, 그래서 진짜 과자는 먹을 수 있지만 상상속의 과자는 먹지 못한다는 사실을 이해한다.

아이들은 사물의 단 두 가지 범주, 즉 실재와 허구만 알아도 이 모든 것을 이해할 수 있다. 만약 그렇다면 아이들은 모든 실재하는 물체와 사람들이 실재 세계에 속한다는 것을 이해하지만, 또한 모든 허구적인 사물과 사람들이 하나의 '동일한' 허구적 세계에 속한다고 믿을 것이다. 성인들은 그렇게 믿지 않는다. 그들은 각각의 다른 이야기를 위해 구분된 허구적 세계를 창조한다. 서로 넘나드는 이야기, 예를 들어 '배트맨과 수퍼맨이 함께 나오는 새로운 모험 이야기'가 독창적이고 재미있는 가장 정확한 이유는, 그것이 전혀 예상하지 못한 것이기 때문이다. 이런 이야기들은 서로 다른 이야기가 각자 고립되어 존재한다는 암묵적인 규칙을 위반한다. 정상적인 상황에서는 캐릭터들은 자신만의 허구적 세계에 머문다.

나는 아래 질문에 답하기 위해 일련의 연구를 기획했다. '아이들도 성인처럼 판타지 영역 안의 구분을 이해할까, 아니면 오직 현실과 판타지 사이의 구별만을 이해할까?' 나는 네다섯 살 먹은 아이들에게 배트맨이나 스폰지밥과 같은 친숙한 캐릭터에 대해 세 가지 종류의 질문을 던졌다.

첫째, 나는 그 캐릭터들이 정말로 허구적이라는 사실을 아이들이 이해하는지 물었다. ("배트맨을 어떻게 생각하니? 배트맨은 정말 있는 사람이니, 아니면 그냥 있는 척하는 거니?") 둘째, 나는 같은 이야기 안의 허구적 캐릭터들이 서로에게 진짜라는 사실을 이해하는지 물어보았다. ("배트맨은 로빈에 대해 어떻게 생각할까?", "배트맨은 로빈이 진짜로 있는 사람이라고 생각할까, 아니면 있는 척하는 거라고 생각할까?") 마지막으로 이야기를 분리된 세계로 조직해낼 수 있는지 시험하기 위해, 나는 서로 다른 이야기 속의 캐릭터들이 서로 접촉할 수 있는지 아이들에게 물었다. ("배트맨은 스폰지밥을 어떻게 생각할까? 배트맨은 스폰지밥이 정말 있다고 생각할까, 아니면 그냥 있는 척하는 거라고 생각할까?")

세 가지 질문에 대한 아이들의 대답은 같은 질문에 대한 성인의 대답과 똑같았다. 성인과 마찬가지로 아이들은 배트맨이 허구적 인물이라는 사실과, 배트맨과 로빈은 서로에게 진짜라는 사실과, 배트맨과 스폰지밥은 서로에게 허구적 존재라는 사실을 잘 알고 있었다.* 아이들의 응답은 다음과 같은 이유 때문에 놀랍다. 다양한 캐릭터 사이의 관계에 대해 아마도 결코 명료하게 생각하지 않았을 것임에도 불구하고, 그러한 관계들을 범주화하라고 요구했을 때 아이들은 문제없이 그 일을 해

---

* D. 스콜닉과 P. 블룸Bloom, '배트맨은 스폰지밥에 대해 어떻게 생각할까? 판타지/판타지 구별에 대한 아동의 이해', 《인지》 101호 (2006): B9-18.

냈다. 아이들과 성인들은 그들이 알고 있는 이야기에 조직적인 구조를 동일하게 부과했다.

이런 결과를 보면서 나는 다음과 같은 의문을 품게 되었다. '아이들은 가상놀이 또한 비슷하게 구분할까?' 가상놀이는 현실 밖에서 일어난다는 점, 그리고 캐릭터와 행동의 연속을 포함한다는 점에서 이야기와 비슷하다. 그러나 아이들이 평소에 그 놀이를 더 많이 경험하며 직접적으로 통제할 수 있다는 점에서 이야기와 다르다. 아이들은 무엇으로 가상놀이의 세계를 구분할까? 유사점 혹은 차이점으로?

이 질문에 답하기 위해 연구 조교와 나는 두 가지 가상놀이를 고안해 냈다. 놀이에서 우리는 일련의 색깔 블록을 사용했다. 예를 들어 첫 번째 놀이에는 목욕을 해야 하는 테디 베어가 나온다. 아이들은 블록 가운데 하나를 비누라고 치고 그것으로 곰을 문지른다. 두 번째 놀이에는 낮잠을 자야 하는 인형이 등장한다. 아이들은 인형에게 베개로 쓰라며 두 번째 블록을 줄 것이다. 여기서 핵심적인 질문은 '아이들이 이 놀이를 서로 구분된 세계로 생각할까?', 즉 '놀이 사이에도 넘나듦이 가능할까?'였다. 이 경우 아이들이 기꺼이 사물을 한 놀이에서 다른 놀이로 옮기는지 시험해보고 싶었다. 그래서 우리는 목욕을 마친 곰이 낮잠을 자야 하는 상황을 만들었다. 낮잠을 자려면 곰에게 베개가 필요하다고 말하며 나는 아이들에게 곰을 위해 베개를 가져다 달라고 요청했다.

아이들은 이 요구에 두 가지 응답을 보일 것이다. 즉, 인형 놀이에서 베개를 가져오거나 곰을 위해 새로운 블록을 선택할 것이다. 첫 번째 선택은 두 놀이 사이에 구분이 없다는 사실을 알려준다. 따라서 한 놀이 안

68

의 사물이 다른 놀이로 문제 없이 옮겨갈 수 있다. 다른 선택은, 한 놀이에서 다른 놀이로 물건을 옮기는 걸 주저하는 아이들의 모습을 보여줌으로써 두 놀이 사이에 구분이 있다는 사실을 암시할 것이다. 연구에서 아이들은 압도적인 비율로 새로운 블록을 사용하는 편을 택했다. 두 놀이를 차례로 할 때와 동시에 진행할 때 모두 마찬가지였다.

그러므로 아이들은 가상놀이를 이야기와 같은 방식으로 대하는 것 같다. 이 두 종류의 허구적 시나리오는 똑같은 유기적 구조를 지니며 이는 다음과 같은 사실을 암시한다. 이야기와 가상놀이에 대해 생각하는 능력은 '만약 ~ 라면what-if' 메커니즘WIM이라고 불리는 동일한 인지 메커니즘의 도움을 받는다. 이름이 암시하듯 이 메커니즘은 현실에서 지금 존재하지 않는 가능성을 탐구하기 위해 '만약 ~ 라면?'이라고 질문하게 하는 인지 도구다.

우리는 상상 속에서 시나리오를 짜 실행함으로써 이 메커니즘을 사용한다. 책을 읽거나 영화를 볼 때도 작가나 감독이 짜놓은 가능성을 탐험하면서 이를 사용한다. 만약 투명인간이 될 수 있다면? 만약 마법의 반지가 존재하는데 그 반지가 호빗들의 손에 들어간다면? 스칼렛 오하라라는 도도한 여인이 남북전쟁 당시 미국 남부에 살고 있었다면? 이 모든 경우에, 현재의 감각적 현실 밖으로 이동하기 위해 필요한 모든 것은 단지 "만약 ~ 라면?"이라고 묻는 것이다.

나는 현실을 벗어나는 인간의 다양한 진출이 이 메커니즘의 도움을 받아 이루어진다고 믿는다. 이야기를 듣든 가상놀이를 하든, 공상을 하든 미래를 꿈꾸든, 과거에 어떤 일이 일어났는지 알아내려 애쓰든 말이다. 이 모든 경우에 인간은 현실 밖 무언가에 대한 표현을 창조해내야 한다. 게다가 우리는 현실을 벗어나고 있다는 사실을 알고 있으며 이러한 표현이 실재가 아니라고 말할 수도 있다.

현실에서 브루스 웨인(영화 〈배트맨Batman〉의 주인공—옮긴이) 같은 사람은 존재하지 않는다. 그러나 이야기 속에서 브루스 웨인은 존재하며, 범죄와 싸우는 수퍼히어로로서 비밀스런 삶을 살고 있다. 똑같은 종류의 추론이 대안적 과거(반사실적 반증추론counterfactual reasoning)를 생각할 때나, 미래를 계획(가설적 추론)할 때 작용한다. 현실에서 사건은 한 가지 방식으로 전개되지만 말이다. 그러나 상상 속에서 우리는 '그 사건이 다르게 전개되었더라면 어떤 일이 벌어졌을까'라고 생각하며 이런 저런 결과에 대해 숙고한다. 현실에서는 오직 현재만을 볼 수 있지만, 상상 속에서는 어떤 일이 일어날 것이며 취할 수 있는 최선의 행동은 무엇인지 예측하기 위해 가능한 미래 시나리오를 작동시킬 수 있다. 나는 이런 종류의 표현을 허구적 세계fictional world라고 부르는데, 이 표현이 미래 시나리오의 결정적 특징을 잡아내기 때문이다. 허구적 세계는 실재하지 않으며 우리는 그 사실을 안다.

내 연구의 주된 목표는 '만약 ~라면' 메커니즘의 성격과, 그것이 허구적 세계를 창조하고 이해하는 방법을 발견하는 것이다. 내가 수행한 두 가지 연구는 이 메커니즘에 대해 적어도 한 가지 특징을 보여주는데, 그것은 다수의 허구 세계가 서로 분리되어 존재한다는 사실이다. 내 연구는 이야기와 가상놀이 모두를 위한 구조를 발견했다. 이를 통해 앞으로 반사실적, 가설적 시나리오를 위한 구조 또한 발견할 수 있기를 바란다.

허구세계의 다양한 선물

허구적 세계를 서로 구분하는 것 외에도 WIM의 또다른 역할은 현실과 허구 사이의 경계를 이리저리 오가는 것이다. 어떤 면에서 이 경계는 엄격하다. 배트맨 같은 캐릭터는 허구적이며 현실로 옮겨올 수 없다. 과자인 척하는 블록을 진짜 과자로 착각할 수는 없다. 그러나 다른 면에서 그 경계는 좀더 유동적이다. 허구적 세계로 들어갈 때 우리는 현실에서 많은 부분을 가지고 간다. 허구 세계 속에서 범죄와 싸우는 수퍼히어로의 존재나 시간여행이 가능할지도 모르지만 여전히 2 더하기 2는 4이며, 물이 얼면 얼음으로 변하며, 어떤 물건을 파란색으로 칠하면서 동시에 파란색으로 칠하지 않는 것은 불가능하다. 아무리 현실과 급진적으로 다른 허구적 세계에서도 수학과 과학, 논리의 법칙은 여전히 유효하다. 그러므로 WIM은 현실세계의 적절한 모습과 규칙을 허구적 영역에 반영해야 한다.

게다가 우리는 허구에서 나와 현실로 돌아올 때도 허구적 세계의 여러 요소를 가지고 나온다. 이것은 이상한 주장처럼 들린다. 하지만 책을 읽거나 영화나 텔레비전을 보면서 현실에 대해 많은 것을 알게 된다는 사실을 생각해보라. 거기엔 특히 그런 매체를 통하지 않고는 결코 배우지 못할 것들도 포함된다. 《오델로Othelo》을 읽거나 보면서 우리는 질투의 파괴적인 힘에 대해 배운다. CSI 시리즈(미국의 인기 드라마—옮긴이)를 보면서 우리는 DNA 정보의 수집과 분석에 대해 배운다. 만약 누군가가 19세기 러시아의 생활상을 이해하려고 톨스토이Tolstoy의 소설을 읽는다고 말한다면, 그것은 그리 놀라운 일이 아니다. 이렇듯 사람들은 늘 허구를 통해 현실에 대해 배워왔다. 감정적 진실을 이해하기 위해서든, 특정 지역이나 시대에 대해 느끼기 위해서든, 실용적 정보를 찾기 위해서든 말이다.

허구적 세계의 특성은 확실히 대단히 쓸모가 있으며, 특히 아동의 발달에 매우 유용하다. 어린이에게는 직접 탐험할 수 없는 현실이 많다. 그러나 상상력을 이용하면 직접 경험하지 않은 일에 대해서도 배울 수 있다. 사실 몇몇 연구자들은 이것이야말로 가상놀이의 본질이라고 추측한다. 이렇듯 가상놀이는 안전하고 분리된 공간에서 아이들에게 다른 사회적 역할을 해보거나 인격의 다른 측면을 탐험할 기회를 준다. 아이들은 이야기를 통해서는 실제적인 사실에 관해 배울 수 있지만, 가상놀이를 통해서는 사회적, 감정적 현실에 대해 배운다. 다시 말해 실재로 경험하지 않고도 특정한 상황에서 어떻게 상호작용하는지, 특정한 일을 할 때 어떤 느낌이 드는지 배울 수 있다.

일상에서 문제거리를 만나면 우리는 문제 해결을 위해 WIM을 이용한다. 예를 들어 차가 움직이지 않는다면 원인을 발견해야 한다. 배터리 수명이 다한 거라면? 변속기가 고장난 거라면? 각각의 가능성에 대한 대처법을 찾기 위해 우리는 WIM을 이용한다. 그런 다음 현실로 돌아와 실제로 각각의 가능성을 시험해본다. 이때 우리는 상상 속 시나리오에서 정보를 가져와 이용한다.

이러한 간단한 계획에도 상상력, 다시 말해 WIM의 활용이 필요하다. 현실은 전혀 도움이 되지 않는다. 허구 세계의 도움을 받지 않고 현실에서만 더 많은 정보를 얻으려면, 차를 작동시키기 위해 엄청나게 다양한 행동을 수행해봐야 할 테지만 적합한 정보를 얻기는 힘들다. 반면 잠시 현실에서 벗어나 상상의 시나리오를 창조해냄으로써 시간과 자원을 가장 효율적으로 사용하면서 문제를 해결할 수 있다.

WIM의 이러한 기능은 아이들에게 더욱 필수적이다. 그들에겐 더듬더듬 헤쳐나가야 하는 낯선 현실이 성인보다 훨씬 더 많기 때문이다. 아이들이 언제든 필요한 모든 행동을 취하는 건 불가능한 일이다. 따라서 성인과 마찬가지로, 현실 밖으로 나가 어떤 행동을 하면 무슨 일이 벌어질까 생각해내야 한다. 괜찮은 결과가 나올 거라는 생각이 들면 그 행동을 실행할 수 있으며, 결과가 만족스럽지 않을 것 같다면 다른 가능한 행동을 생각해낼 수도 있다. 어쨌든 효과 없는 행동을 하느라 시간을 낭비하지는 않을 것이다.

기본적으로 WIM은 학습을 위한 엔진이다. WIM의 주된 기능은 우리를 현실 밖으로 나오게 하는 것이지만, 이 기능적 모험은 현실에 대한 새로운 창을 열어준다. WIM은 허구의 세계에서 현실로 유용한 정보를 끌어온다. 중요한 것은 WIM이 올바른 정보를 끌어오는지 확인하는 일이며, 이것이 앞으로 내가 수행할 주요 연구 주제다. 그런데 어떤 정보를 허구에서 현실로 가져오는 게 적합할 일인지 어떻게 알 수 있을까? 허구세계를 창조해내는 방식은 인간의 타고난 능력일까, 아니면 경험과 학습이 필요한 일일까?

나는 해답이 그 중간 어디쯤에 놓여 있다고 생각한다. 아이들은 허구적 시나리오로부터 현실세계에 유용한 정보를 얻을 수 있다는 사실을 내재적으로 알고 있을 것이다. 덕분에 아이들은 생산적인 행동을 수행할 수 있고, 가상놀이에서 현실 세계의 이슈를 다룰 수 있다. 그러나 성인이 허구적 세계에서 가져오는 것은 아이들과 미묘한 차이가 있다. 예를 들어 해리 포터Harry Potter는 실존하는 인물이 아니며 그 캐릭터 자체를 허구에서 현실로 가져올 수는 없다. 아이들조차도 이 사실을 잘 알고 있다. 하지만 그가 영국에서 살고 있는 집에 대해서는 어떻게 생각할까? 그가 사는 거리는 실제로 존재할까? 해리 포터의 멘토인 덤블도어 교수는 어떤가? 그는 실재 존재하지는 않지만 현실에서 그와 비슷한 누군가가 존재할 수 있지 않을까? 현실 속의 인물은 마법 능력을 갖지는 않겠지만 교수의 신체적, 심리적 특징이 잠재적으로 실재할 수 있지 않을까?

성인은 이러한 질문에 대한 미묘한 직관을 지니고 있다. 그러나 아이들의 직관은 성인보다 훨씬 더 직관적일 것이다. 아이들은 허구에서 현실로 너무나 많은 것을 가져오거나 혹은 너무나 적게 가져올 것이다. 아이들은 성인보다 더욱 유동적으로 현실과 허구 사이의 경계를 이해할 수도 있다. 어쩌면 거의 모든 것을 허구에서 현실로 끌어올지 모른다. 그래서 실제로는 존재하거나 작용하지 않는 이상한 실체의 존재나 별난 법칙의 작용을 믿을 수도 있다. 반대로 아이들은 현실과 허구를 성인보다 더욱 분리된 것으로 이해할 수도 있다. 그래서 이야기에서 묘사하는 인간의 상호작용이나 신체적 현상조차도 사실이라고 이해하지 못할 수 있다.

나는 이러한 문제의 해답을 찾고 싶다. 그러나 지금 확실히 알 수 있는 것은 WIM이 아이들에게 얼마나 중요한지 정도다. 인간을 잠시 현

실에서 빠져나오게 해 다양한 가능성에 대해 생각하게 만드는 이 기본
적인 상상의 기술은 아이들이 세상을 이해하는 가장 중요한 도구 가운
데 하나다.

디나 스콜닉 와이즈버그 Deena Skolnick Weisberg

예일대학교Yale University 심리학과에서 발달심리학 전공으로 박사과정을 밟고 있다. 2003
년, 스탠포드대학교에서 인지과학 전공으로 학사학위를 취득하고 예일대학교에서 과학과 철학
두 분야에서 석사학위를 받았다. 와이즈버그의 중심 연구 주제는 허구적 시나리오, 특히 이야기
와 게임, 가상놀이, 사실에 반反하는 상황counterfactual situation의 창조와 표현에 숨어있는
인지 기술, 그리고 그 기술이 아동의 발달에서 성숙하는 방식 등이다. 와이즈버그의 연구는 〈사
이언스Science〉를 포함한 다양한 학술지에 소개되었다.

Part 2

뇌, 세상을 보는 방식을 바꾸다

견고한 상식을 뒤엎는 뇌의 신비

06

살아남는 아이디어, 사라지는 아이디어

매튜 리버맨_UCLA 심리학과 조교수

뇌 구조를 닮은 아이디어

1641년 르네 데카르트Rene Decartes는 《제1철학에 관한 여러 가지 성찰Meditation on First Philosophy》이라는 제목의 책을 출간했다. 거기에는 훗날 '데카르트 이원론Cartesian dualism'이라고 불려질 '심신이원론mind-body dualism'이 담겨 있다. 데카르트에 의하면 신체의 영역이나 어떠한 신체 작용과도 구별되는 무형의 영혼이 정신을 움직인다. 정신과 육체는 서로 떨어져 있고 둘은 결코 만나지 못한다.

몇 십 년이 지난 후, J.J. 베허Becher가 《지하의 물질Physic subterranea》(1667)이라는 책을 출간한다. 여기서 베허는 데카르트와 마찬가지로 눈에 보이지 않는 실체에 초점을 맞춘다. 베허는 가연성 물질은 그 안에 플로지스톤phlogiston을 함유하고 있기 때문에 불에 탈 수 있다고 주장했다. 플로지스톤은 색이나 냄새, 맛, 무게를 갖지 않는 가설적 물질이다. 따라서 불 역시 표면상 무형의 물질에 의해 작용하는 것이다. 데카르트와 베허의 생각은 당시 널리 퍼져 활발한 토론의 대상이 되었고 사람들은 둘의 주장을 사실로 받아들였다.

시대가 변하면서 두 사람의 운명 또한 갈렸다. 심신이원론은 지난 세기가 낳은 가장 굳건한 사상 가운데 하나로 남은 반면, 플로지스톤은 인간복제와 낙태, 안락사, 동물실험 등에 관한 과학계의 논의에서 단지 이따끔씩만 언급되고 있다. 그나마도 비과학적 이론 수립에 대한 경각심을 심어주는 예로서 말이다. 플로지스톤이 학계에서 설 자리를 잃은 반면 데카르트의 이원론은 살아남은 이유는 뭘까? 혹자는 플로지스톤은 과학의 반박 대상이 되었지만, 데카르트의 이원론은 꾸준히 과학적 지지를 얻어왔다고 생각할지도 모른다. 만약 그렇게 가정한다면, 틀렸다. 두 이론 모두 과학계에서 그다지 평판이 좋지 않았다. 현대 정신과학의 가장 본질적인 교의 중 하나는 정신이 철저히 생물학적이며 따라서 물질적 실체라는 것이다. 게다가 철학은 이미 오래 전에, 수많은 뒤얽힌 가정들의 결합 없이는 심신이원론이 논리적으로 불가능하다는 사실을 증명했다.

그럼에도 불구하고 사람들은 데카르트가 묘사한 심신이원론에 대한 뿌리 깊은 믿음을 여전히 버리지 못하고 있다. 영과 육 사이의 연결점을 탐색한다고 주장하는, 정신과 몸에 관련한 전 세계 수많은 기관과 단체를 생각해보라. 이들 기관은 정신과 육체가 연결을 필요로 할 정도로 구분된 대상이라는 사실을 암시함으로써 이원론을 지속적으로 구체화하고 있다. 뇌의 상태가 어떻게 정신의 상태를 초래하며, 명상이 뇌와 몸을 변화시키기 위해 정신을 어떻게 이용하는지에 대한 활발한 토론 역시 정신과 육체를 구별하는 사고방식을 지지한다. 과학적, 철학적 불신에 직면하면서도 심신이원론이 이토록 끈질기게 지속되는 이유는 무엇일까? 왜 어떤 사상은 수십, 수백 년 동안 수많은 사람들의 마음을 지배하는 것일까? 어떻게 단순한 생각들이 빅아이디어가 되는 걸까?

말콤 글래드웰Malcolm Gladwell의 저서 《티핑 포인트 Tipping Point》에 의하면, 전염성 있는 문화적 아이디어는 대체로 몇 년, 몇 개월, 심지어 며칠을 주기로 등장했다 사라진다. 디스코와 나팔바지는 1970년대에는 근사한 것이었지만 1980년대에 들어서면서 자취를 감추었고, 그 자리는 뉴웨이브new-wave 음악과 딱 붙는 청바지가 대신했다.

하지만 데카르트의 이원론처럼 시간이 지나도 결코 사라지지 않는 아이디어에 대해서는 어떻게 생각해야 할까? 나는 빅아이디어가 인간의 뇌 구조 혹은 기능과 잘 들어맞는 것이라고 주장한다. 그렇기 때문에 뇌는, 인간이 빅아이디어를 받아들일 수밖에 없는 방식으로 세계를 보게 하는 것이다. 이 아이디어에 영감을 준 캘리포니아주립대학교 버클리 캠퍼스(UCB)의 인류학자이자 신경과학자인 터렌스 디콘Terrence Deacon을 기념해, 나는 이같은 주장을 '디콘주의the Deacon Doctrine'라고 부르겠다. 디콘은 인간이 현대적 형태의 언어를 사용하게 된 이유에 대해 반反직관적인 설명을 내놓는다. 그는 뇌의 상징 처리 능력이 진화한 목적은 언어 자체가 아니었다고 주장한다. 그보다는 두 남녀 사이의 성적인 정조의 끈을 공고히 하는 게 주된 목적이었다. 그럼으로써 둘은 부족의 인정을 받고, 남자는 마음 놓고 멀리 사냥을 하러 나갈 수 있었다.

디콘주의의 핵심은 언어가 다른 무엇보다 인간 뇌의 구조와 기능에 맞게 진화되었으며 앞으로도 그러리라는 것이다. 그는 언어가 뇌보다 훨씬 빨리, 그리고 쉽게 진화했다는 광범위한 증거들을 제시한다. 오랜 시간에 걸쳐 변화하면서 언어는 두 살짜리 아이가 더 배우기 쉬운 방식으로 변해왔다고 디콘은 주장한다. 그러므로 디콘주의는 다음과 같이 진술할 수 있다. 빅아이디어가 영향력을 끼치며 계속 지속될 수 있는 이유는 인간 뇌의 구조와 기능에 잘 들어맞기 때문이다. 데카르트가 기술하듯이 아이디어는 뇌의 구조와 기능에 맞도록 진화된다. 그리고 뇌의 구조와 기능에 매우 잘 들어맞는 아이디어일수록 사람들에게 '딱 달라붙어' 시간이 지나도 좀처럼 사라지지 않는 영속성을 갖게 된다.

이 글에서 나는 디콘주의가 적용되는 두 가지 빅아이디어를 다루겠다. 심신이원론과 동양과 서양 문화의 대비가 그것이다.

심신이원론

정신과 육체가 똑같은 성분으로 이루어졌다는 사실이 과학적으로 이미 합의되었지만, 일상생활에서 뇌가 정신과 마음을 이해하는 방법에 대해서는 아직 밝혀진 사실이 별로 없다.

기능적 자기공명영상fMRI을 사용한 10여 건의 연구가 뇌 표면 안쪽에 위치한 두 개의 영역을 발견했다. 하나는 내측 전전두엽피질medial PFC에, 다른 하나는 내측 두정엽피질medial PAC에 위치한 두 영역은 자신에게 집중해 스스로의 상태와 특성, 기호에 대해 깊이 생각할 때 더욱 활발해지는 경향이 있다. 또다른 연구는 자신의 신체적 지시물을 인식하는 일과 관련한 뇌 영역을 정밀하게 조사했다. 놀랍게도 자신의 얼굴이 찍힌 사진을 보았을 때, 비물질적 속성에 집중할 때 활발히 작동하는 PFC와 PAC는 활성화되지 않았다. 대신 외측 PFC과 외측 PAC에 위치한 부위가 활성화되었다. 게다가 외측 PAC는 자신의 신체 움직임을 관찰하는 데에도 관여하는 것처럼 보인다. 이 부위의 장애는 체외유리체험out-of-body experience이나 정신분열증의 경우처럼 나 아닌 다른 누군가가 신체를 지배하는 현상에서 중요한 역할을 할지 모른다.*

비슷한 구분이 타인과 관련한 뇌의 처리과정에서도 드러난다. 이는 피실험자가 타인의 정신을 이해하려 하는지 아니면 신체를 이해하려 하는지에 달려 있다. 마음읽기에 관여할 때 우리는 다른 사람의 마음속을 들여다보기 위해 노력한다. 말하자면 상대의 의도와 신념, 느낌을 간파하기 위해 애쓴다. 이러한 마음읽기와 가장 직접적으로 관련된 뇌 영역은 내측 PFC다. 이곳은 자기반성 활동과 관련된 영역과 매우 가깝다. 그러므로 타인의 정신이나 자기 자신의 정신에 관한 추정은 내측 PFC를 필요로 한다.

만약 상대방의 마음속을 읽으려는 의도 없이 신체적 움직임만을 이해하려 할 때는 어떨까? 예를 들어 손가락으로 딱딱 박자를 맞추는 행동을 따라할 때는 상대의 속마음에 대해 깊이 생각할 필요가 없다. 이 경우, 행동은 외측 PFC와 외측 PAC에서 지속적으로 관찰된다. 때때로

---

* O. 블랑케Blanke 외, '환영적 자가 신체 인식의 자극 : 체외유리체험을 유도하는 뇌 영역의 위치', 〈네이처〉 419권 (2002) : 469–70.

이 두 영역을 합해 '거울 신경 시스템'이라고 부른다. 왜냐하면 다른 영장류의 단일세포기록single-cell recordings은 해당 영장류가 어떤 행동을 직접 취하든, 아니면 다른 이가 그 행동을 취하는 것을 단지 바라보기만 하든 상관없이 외측 PFC와 외측 PAC 안의 똑같은 신경이 반응한다는 사실을 보여주기 때문이다. 즉 정신이냐 육체냐에 따라 처리과정이 분리된다. 말하자면 자신에 대한 것이든 타인에 대한 것이든 정신을 이해하기 위해서는 내측의 활성화가, 육체를 이해하기 위해서는 외측의 활성화가 지배적이다. 이러한 영역들은 뇌 안쪽과 측면 표면의 비교적 비슷한 부분에 위치한다. 그러나 둘은 어떤 의도에 초점을 맞추느냐에 따라 완전히 구분된다. 덧붙여 외측의 활동은 내측 활동의 감소와 연관된다. 이는 적어도 어떤 조건 아래서는 내측과 외측의 활동이 서로 경쟁적이라는 사실을 암시할지도 모른다.

그러므로 정신과 육체는 뇌 안에서 일종의 이원론을 생성하면서 뇌의 각기 구별된 연결망에 나타난다. 일반적으로 말하자면, 뇌가 각기 다른 연결망에서 두 가지 일을 처리할 때 둘은 분리된 범주에서 각각 경험된다. 예를 들어 색과 숫자는 분리된 범주로 경험되며 분리된 신경 연결망에서 처리된다. 뇌의 이러한 분리된 성질 때문에 정신과 육체가 둘로 나눠진 것이 아니라 같은 종류의 물질이라는 주장은 마치 색과 숫자가 실은 똑같은 종류라는 주장과 비슷하다. 과학이 뭐라고 말하든 간에 정신과 육체가 결국 똑같은 물질이라는 주장은 우리의 즉각적이고 일상적인 삶의 경험과 맞지 않는다.

시간이 흘러도 소멸하지 않는 아이디어는 처음에는 비교적 평범한 아이디어로부터 진화하기 시작해서 점차 뇌의 구조 및 기능과 더 잘 들어맞도록 변화한다. 이러한 아이디어의 진화는 심신이원론과 함께 발생한 것으로 보인다. 데카르트가 처음 이원론에 관해 기술했을 때 그것은 새로운 아이디어라고 보기에는 무리가 있었다. 피타고라스, 키케로, 성 어거스틴, 토마스 아퀴나스를 포함한 여러 학자들이 이미 이원론을 지지했다. 데카르트 이원론 이전에 가장 유명했던 이원론은 플라톤의 이원론이었다. 그는 물리적 세계와 대립되는 이론을 내놓는다. 플라톤은 인간이 '의자'에 대한 보편적 상像을 품고 있기 때문에 의자라는 범주에 속한 특정한 의자를 인식할 수 있다고 주장했다. 이러한 보편적 상은 정신이나 육체가 아니라 자체의 고유한 영역에 존재한다. 철학계에서는 플라톤의 이원론이 영향력을 발휘했지만 대중에게는 큰 관심을 끌지 못했다.

세계의 복잡성을 설명하기 위해 사람들은 다양한 종류의 이원론을 제안했지만 데카르트 이전의 어떤 이론도 오랫동안 살아남지 못했다. 데카르트의 이원론은 뇌가 정신과 몸에 작용하는 주요한 처리 과정과 부합한다. 심신이원론에 흠집을 내기 위해 수많은 과학자와 철학자가 힘을 모아 애썼지만, 심신이원론은 여전히 세계를 이해하는 핵심적인 신념이자 방법으로 남아 있다. 이쯤 해서 디콘주의로 설명할 수 있는 두 번째 빅아이디어에 대한 이야기로 넘어가보자.

동양문화 vs 서양문화

1990년대까지 심리학자들은 다음과 같은 문제를 두고 열띤 토론을 벌

였다. '한 문화는 구성원의 정신을 형성하는가? 만약 그렇다면 어떤 방법으로 형성하는가?'

1991년에 스탠포드대학교의 헤이젤 마커스Hazel Markus와 동경대학교의 시노부 기타야마는 수많은 후속 연구를 낳은 개념상의 획기적 발전을 이뤄낸다. 그들은 동서양의 문화가 세계와 사회를 보는 각각의 틀을 구성원들에게 주입시켜왔다고 주장했다. 본질적으로 동양인은 나와 남이 하나로 연결되어 있으며 따라서 전체의 필요가 개인의 필요보다 앞선다는 믿음을 갖도록 키워졌다. 반대로 서구 유럽인과 북아메리카인은 개인의 목표와 감정, 성취에 우선순위를 두도록 교육받았다. 사회적 보상과 벌 역시 그에 상응한다. 말하자면 동양과 같은 상호의존적 문화에서 '모난 돌은 정을 맞는' 반면, 서양처럼 독립적인 문화에서는 '우는 아이에게 젖을 주게' 된다. 자라온 문화가 개인의 정신을 형성한다는 진술은 보편적인 믿음이다. 개인은 자신이 속한 문화권에서 중시하는 가치에 따라 살게 된다.

두 문화권의 중심 가치는 천 년이 넘도록 지속된 각 문화 특유의 빅 아이디어를 나타낸다. 이에 대한 일반적인 설명은 문화의 내용이 인간의 정신과 뇌를 형성한다는 것이다. 그러나 디콘주의는 반대의 설명 또한 가능하다고 주장한다. 말하자면 '만약 동양인과 서양인의 뇌의 차이가 각자의 문화를 지금과 같은 모습이 되도록 촉진한 것이라면?'이라는 질문을 제기한다. 이때 두 문화는 사회를 조직하는 각각의 방식에 가치를 두도록 구성원을 이끌며, 각 사회의 조직은 구성원의 뇌 조직 타입을 반영한다.

내 동료 볼드윈 웨이Baldwin Way는 최근 동양인과 서양인의 뇌에 영향을 주는 유전적 차이점을 발견해냈다. 함께 수 차례 이야기를 나누면서 우리는 다음과 같은 아이디어를 시험해보기로 했다. 웨이는 뇌의 세로토닌serotonin(포유동물의 혈액과 뇌 속에 있는 혈관 수축 물질—옮긴이) 시스템을 주관하는 유전자에 대한 연구들을 검토했다. 그는 세로토닌 운반에 관여하는 유전자(5-HTTLPR)를 조절하는 영역 안에 동양인과 서양인이 각기 다르게 분포된 변이를 보인다는 사실을 증명했다.

두 개의 대립유전자 조합에 기반한 세 가지 종류의 다형현상poly-morphism(동종 집단 가운데에서 두 개 이상의 대립형질이 뚜렷이 구별되는 것—옮긴이)이 존재하는데, 이러한 변이variation는 약어로 숏—숏short-short, 롱—숏long-short, 롱—롱long-long이라고 불린다. 동양인의 무려 3분의 2가, 그리고 미국인과 서구 유럽인의 불과 5분의 1만이 숏—숏 변이를 가지고 있었다. 이것은 다수의 연구에서 공통적으로 드러난, 엄청날 뿐 아니라 매우 신뢰할 만한 차이다.

세로토닌 시스템과 함께 특히 이 유전자는 사회정서적 민감성과 관련된다. 예를 들어 한 연구에 의하면 이 유전자를 가진 아동은 사회적으로 적절한 지원을 받지 못할 때 우울증에 걸릴 확률이 매우 높았다. 반면 나머지 두 종류의 변이를 가진 아동들은 사회적 지원 유무가 우울증 발병에 영향을 미치지 않았다. 또다른 연구는 숏—숏 변이를 가진 아동이 적절한 지원을 제공하지 못하는 집안에서 자랄 때 대단히 강력한 우울증 징후를 보인다는 사실을 밝혀냈다. 정상적인 환경에서 자랄 때 숏—숏 변이를 지닌 아동은 가장 적은 우울증 징후를 보였다. 나머지 두 종류의 변이를 가진 아동의 경우에는 적절한 환경의 제공 유무와 상관없이 중간 정도의 우울증 징후를 보였다. 이러한 연구 결과가 암시하는 것은, 5-HTTLPR 유전자의 숏-숏 변이를 가진 사람의 삶의 질은 사회적 환경에 더 많이 좌우되며 이들은 대체로 사회적 환경에 더 민감할 가능성이 크다는 사실이다.

디콘주의에 비추어 볼 때 동양인에게 이러한 변이가 많이 나타난다는 사실은 무엇을 암시할까? 동양인은 상호의존을 중요하게 여겨 그것을 문화적 가치로 확립하는 성향을 낳는 신경화학을 지니고 있을지도 모른다. 다시 말해 그러한 성향을 빅아이디어로 진화시켜 오랫동안 지속시킨다. 만약 타인에게 좋은 대접을 받는 것을 성공적이며 만족스러운 삶이라고 여긴다면, 당신은 자신의 행복을 위해 다른 사람에게 좀더 신경쓰는 문화를 선호할 것이다. 반대로 서양인에게는 상대적으로 이런 종류의 유전자가 부족하다. 따라서 이들의 신경 작용은 개인의 독립과 성취에 가치를 둔 문화를 낳는 성향을 보인다.

앞서 언급한 동서양의 문화적 아이디어는 긴 시간에 걸쳐 지역적 이동을 겪었다. 두 문화 모두 중앙아시아에 기원을 둔 것으로 보이는데 하나는 거의 전적으로 동쪽으로만, 그리고 다른 하나는 서쪽으로만 향했다.

동양과 서양의 문화는 각각의 고유한 윤리와 종교의 혼합으로 묘사해도 무리가 없을 것이다. 동양문화는 신유교주의의 형태로 굳어졌다. 이것은 모든 인간이 하나로 연결된 존재라는 불교적 믿음과 구성원 간의 상대적 의무의 관점에서 사회를 규정한 유교 윤리의 혼합이다. 서양문화는 구원에 대한 책임을 개인에게 묻는 유일신을 상정한 유대교-

기독교 신학과 개인의 힘과 자유의지를 강조하는 그리스 윤리의 혼합이다. 불교는 인도에서 시작되어 동아시아를 향해 퍼졌는데, 동쪽으로 확장될수록 더욱 영속적인 영향력을 지닌다. 현재 불교는 더 이상 인도의 주요 종교가 아니다. 인도에는 HTTLPR-5의 숏-숏 변이를 가진 인구가 전체의 반도 넘지 않는다. 반대로 기독교는 중동에서 시작되어 유럽을 향해 서쪽으로, 그리고는 북아메리카로 퍼졌다. 서쪽 지역으로 갈수록 기독교의 영향력은 오래 지속되었다.

두 경우 모두 빅아이디어는 비교적 작은 아이디어로부터 시작되어 수천 마일을 이동해야 했다. 왜 그토록 먼 여행이 필요했을까? 작은 아이디어가 번창해 결국 빅아이디어로 성장할 수 있는 가장 적합한 지역을 찾기 위해서였다. 흥미롭게도 알렉산더 대왕 치세와 로마제국 시절, 그리고 중세시대 동안 동서양 종교의 수장과 대표자 사이에는 접촉이 있었다. 그러나 각 종교가 자연스럽게 퍼져나갈 때는 비교적 쉽게 자리를 잡았지만 종교들 간의 이종교배는 사실상 일어나지 않았고, 세계 경제가 기존의 제약을 희미하게 만든 최근에 이르러서야 그러한 움직임이 나타나고 있다. 적합한 신경화학을 지닌 사람들을 만나 오랫동안 살아남을 수 있을 때까지 이렇듯 빅아이디어는 계속해서 이동하는 것 같다. 사람들은 논리적 분석과 환경의 영향이 함께 작용해 신념이나 믿음이 형성된다고 믿고 싶어한다. 그러나 디콘주의는 다른 경로를 제안한다. 인간의 뇌는 호소력 있는 아이디어를 찾으려는 경향이 있으며 사람들은 자신의 뇌와 구조적으로 딱 맞는 아이디어에 마음을 빼앗긴다.

데카르트 이원론의 경우, 우리는 다음과 같은 사실을 확인했다. 뇌는 서로 구분된 신경 회로에서 정신과 육체를 나타낸다. 그래서 전혀 반대되는 증거에도 불구하고, 우리는 정신과 육체가 서로 구분된 영역 안에 있다는 사실을 경험하며 또한 그렇게 믿게 된다. 동서양 문화의 경우, 지역에 따른 유전자 변이가 서로 구별되는 뇌 화학작용을 일으킨다는 사실이 확인됐다. 각기 다른 화학작용 때문에 사람들은 사회적으로 다르게 반응한다. 그 결과, 동양인과 서양인은 상호의존을 우선순위에 두는 문화적 신념과 가치를 각기 다른 정도로 받아들이게 된다. 양쪽 경우 모두에서, 디콘주의는 신경과학을 이용해 인간이 지닌 가장 굳건한 믿음에 대해 반직관적인 설명을 한다. 즉 대다수 사람들이 같은 아이디어에 매혹된다면 그 아이디어는 꽤 오랜 시간 동안 지속될 가능성이 크다.

●
매튜 리버맨Mattew D. Liberman
●

캘리포니아주립대학교 로스엔젤레스 캠퍼스(UCLA)의 심리학과 조교수다. 1999년, 하버드대학교에서 심리학으로 박사학위를 받았다. 자제력, 자기 인식, 자동성automaticity, 사회적 거부social rejection, 설득과 같은 인지 신경과학의 주제들을 주로 연구한다. 수많은 유수 저널에 논문을 발표했고, 국립정신건강협회, 국립과학재단, 구겐하임재단 등에서 연구지원금을 받아왔다. 그의 연구는 〈타임Time〉, 〈사이언티픽 아메리칸Scientific American〉, 〈디스커버Discover〉 등의 잡지와 다수의 BBC(영국 공영방송) 다큐멘터리에 소개되었다.
〈사회적 인지와 정서 신경과학Social Cognitive and Affective Neuroscience〉의 창립 편집자이자 미국심리학회(APA)가 수여하는 '젊은 심리학자 상' 수상자다.

07

뇌는 몇 살까지 성장할까

사 라 - 제 인 블 레 이 크 모 어 _ 영 국 왕 립 학 회 특 별 연 구 원

뇌영상 기술이 알려준 것

불과 수십 년 전만 해도 대부분의 사람들은 초기 유아기를 지나면 뇌가 크게 변하지 않는다고 믿었다. 어떤 사람들은 심지어 인간의 뇌가 대략 세 살 정도에는 성장을 멈춘다고 주장했다. 그러나 뇌영상neuroimaging 기술 덕분에 지금은 사정이 달라졌다. 과학자들은 인간의 뇌가 초기 유아기를 훨씬 지나서까지 발달한다는 사실을 실제로 발견하고 있다. 특히 전전두엽피질(내측 PFC)과 같은 뇌 부위는 청소년기 이후에도 지속적으로 발달한다. PFC는 계획이나 의사결정과 같은 광범위한 인지능력과 연관되며 다른 사람을 이해하는 능력과 연관된 뇌 영역 연결망의 일부다.

1950년대와 60년대에 설치동물과 고양이, 원숭이를 대상으로 동물실험이 수행된 이래, 초기 뇌 발달에 관해 많은 사실이 밝혀졌다. 뇌의

주요 발달 과정 가운데 하나가 뇌세포의 배선wiring에 영향을 끼친다는 것도 그 중 하나다. 뇌세포의 배선은 뉴런들 사이의 연결을 구성하는 시냅스(신경세포의 자극 전달부―옮긴이)의 복잡한 연결망이다. 발달 초기에 뇌는 새로운 시냅스를 형성한다. 아기의 뇌에는 성인에 비해 이러한 연결이 훨씬 더 많이 존재한다.

뒤이어 시냅스 제거synaptic elimination의 시기가 오는데 이때 과도한 연결망들은 시들어 사라져버린다. 동물실험을 바탕으로 한 연구 결과, 시냅스의 가지치기는 동물이 경험하는 특정한 환경의 영향을 받는다는 사실이 밝혀졌다. 자주 쓰는 시냅스는 강화되는 반면, 그렇지 않은 시냅스는 제거된다. 시냅스의 가지치기는 장미 덤불을 가지치기하는 것과 유사하다. 약한 가지를 제거한 덕분에 나머지 가지들이 더 튼튼하게 자랄 수 있다.

거의 같은 시기에 수행된 또다른 연구 역시 다음과 같은 사실을 지적한다. 인생 초기에 뇌 발달을 위한 결정적인 시기가 있는데, 그때 정상적인 뇌 발달이 일어나기 위해서 동물은 감각자극에 노출되어야 한다. 초기 동물실험은 적어도 원숭이 뇌의 감각영역에서는 이러한 과정이 주로 세 살 이전에 이루어진다는 사실을 보여주었다. 이러한 연구 결과를 기초로 집필된 교과서들은 인간 뇌 발달의 결정적 단계가 생의 첫 3년 동안 진행되므로 이 기간 동안 아이들이 모든 종류의 교육 경험에 노출되어야 한다고 말한다. 그러나 이 주장은, 원숭이는 세 살이면 이미 성적으로 성숙해지며 인간이 겪는 것과 똑같은 확장된 발달 시기를 경험하지 않는다는 사실을 무시했다. 1970, 80년대에 수행된 연구는 시냅토제네시스와 시냅스 가지치기를 위한 시기가 원숭이에게 그렇듯이 사람에게도 동일하지 않다는 사실을 입증했다.

1970년대에 시카고대학교University of Chicago의 피터 허텐로처Peter Huttenlocher가 모든 연령대의 인간의 사후死後 뇌를 수집해 조사한 결과, 아동과 청소년의 전두엽피질frontal cortex이 서로 두드러지게 다르다는 사실을 발견했다. 아동기의 중반기까지 감각적 뇌 영역sensory brain area 의 시냅스 수는 성숙한 수준에 이르는 반면, 전두엽피질의 시냅스 수는 계속 증가하다가 청소년기에 이르러 줄어든다. 허텐로처의 발견은 자기공명영상법(MRI)과 같은 비침습성 뇌영상 기술을 이용해 살아있는 인간을 대상으로 실시한 최근의 실험에 의해 확인되고 있다. 이러한 연구들은 대뇌피질의 몇몇 부위와 특히 PFC가 생의 첫 20, 30년에 거쳐 실질적인 변화를 경험한다는 사실을 나타낸다.*

이러한 MRI 스캔에서 두 가지 주요한 변화가 발견되었다. 첫째, PFC 를 포함한 뇌의 일부 영역에 흰색 물질의 양이 증가했는데, 이 현상은 청소년기 전체와 20대에 들어서까지 지속되었다. 흰색 물질은 신경세포의 축색돌기, 즉 한 뉴런에서 다른 뉴런으로 전기신호를 운반하는 긴 섬유로 구성된다. 축색돌기가 흰 색깔을 띠는 이유는 미엘린myelin이라고 불리는 흰 색의 지방성 물질로 싸여 있기 때문이다. 미엘린은 절연체로 작용하여 신호가 축색돌기로 빨리 이동할 수 있게 한다. 이는 축색돌기가 미엘린을 수십 년간 지속적으로 축적한다는 사실을 암시하

---

* A. T. 토가Toga 외, '뇌 변화 지도', 〈신경과학의 흐름〉, 29권 3호(2006):148-59.

는데, 그럼으로써 관련된 뇌 영역의 진행 과정이 빨라진다. 청년기 뇌에 나타나는 두 번째 변화는 PFC 안의 회색 물질의 양이 줄어든다는 것이다. 회색 물질은 다른 신경과 시냅스를 구성하면서 세포체와 그들의 촉수 같은 연결조직을 구성한다. 회색 물질의 발달 패턴은 특정한 뇌 영역의 시냅스 수의 변화를 반영한 것으로 해석되어 왔다.

마음읽기의 신비

뇌가 청소년기에도 지속적으로 발달한다는 사실이 암시하는 것은 무엇일까? 청소년기는 변화의 시기다. 아동에서 성인으로 신체적, 심리적, 사회적으로 이동하는 시기다. 사춘기가 시작될 무렵, 호르몬의 급격한 변화가 일어나 눈에 띄는 신체적 변화가 나타난다. 이 시기의 또 다른 특징은 감정, 자의식, 자아정체성, 대인관계와 관련한 심리적인 변화다. 그러나 최근의 신경과학은 이러한 심리적 변화를 호르몬 하나로 설명할 수는 없다는 사실을 제시할 뿐이다. 그렇다면 PFC의 발달이 사회적 인지에 대해 암시하는 것은 과연 무엇일까?

다른 사람을 이해하는 것은 의도나 욕망과 같은 숨어 있는 정신 상태의 관점에서 상대방의 행동을 읽는 '마음읽기'라고 불리는 과정과 관련된다. 뇌영상 실험과 뇌 손상을 입은 환자들에 대한 연구[*]는, 마음읽기가 사회적 뇌로 알려진 영역들의 연결 조직에 의존한다는 사실을 보여준다. 마음읽기의 초기 발달에 관해서는 풍부한 조사 결과가 나와 있다.

---

[*] C. D. 프리스Frith와 U. 프리스Frith, '인간의 사회적 인지', 〈최신 생물학〉, 17권 16호(2007): 724-32.

얼굴을 알아보고 다른 사람의 감정을 인식하는 것과 같은 사회적 능력 신호는 유아기 동안 발달한다. 이러한 능력은 잘못된 신념을 포함한 타인의 신념을 인식하는 것과 같은 본격적인 마음읽기에 선행한다. 잘못된 신념에 관한 전형적인 연구에서, 아동은 다음과 같은 질문을 받는다. '샐리가 놓아둔 장난감을 샐리가 방을 비웠을 때 앤이 옮겼다면 샐리는 어디에서 그 장난감을 찾으려 할까?' 샐리가 장난감이 놓인 장소를 알지 못할 거라는 사실을 이해하려면 실험 대상자는 샐리의 잘못된 신념과 현실 사이를 구분할 수 있어야 한다. 네다섯 살짜리 아동은 그러한 구분을 할 수 있다.

마음읽기의 초기 발달에 관한 연구는 많이 수행된 반면, 아동기 이후의 사회적 인지 발달에 관한 실험적 연구는 놀라울 정도로 부족하다. 이것은 아마도 대부분의 아동들이 네 다섯 살까지 훨씬 더 복잡한 마음읽기 과제를 능히 해내기 때문일 것이다. 그러나 마음읽기의 기저에 놓인 뇌의 구조는 초기 아동기를 훨씬 지나서까지 실질적으로 발달한다.

최근 뇌영상에 관한 소수의 연구가 청소년기에 일어나는 사회적 뇌의 기능 발달을 눈여겨보기 시작했다. 이들은 청소년기의 시작과 성인기의 시작 사이에 다음과 같은 현상이 일어나는 것을 발견했다. 즉, 마음읽기 과정 중에 내측 PFC 내부의 움직임이 감소한 것이다. 예를 들어 최근의 한 연구는 기능적 자기공명영상법fMRI를 이용해 반어irony를 사용한 의사소통 발달을 연구했다. 연구의 전제는 이렇다. 타인의 정신 상태를 이해하려면 현실에서 신념을 분리하는 능력이 필요한 것처럼, 반어를 이해하려면 발언된 언어로부터 실제로 의도한 의미를 분리해야 한다. 실험에서 23세에서 33세 사이의 성인 12명과, 9세에서 14세 사이의 아동 12명의 뇌가 면밀히 조사되었다. 이 과제를 수행하는 과정에서 아동의 내측 PFC가 성인의 것보다 더 많이 작용했다. 연구자들은 아동에게 나타난 내측 PFC의 활동 증가를, 반어적 발언의 문자적 표현과 의도된 의미 사이의 모순을 해결하기 위해 몇 가지 단서들을 통합해야 할 필요를 반영하는 것으로 해석했다.

자신의 의도에 대해 사고하는 것과 관련한 최근의 fMRI 연구에서는, 아동의 내측 PFC의 비슷한 영역이 성인에 비해 훨씬 더 활발히 움직였다. 의도의 실행에 대해 사고하려면 마음읽기가 필요하다. 12세에서 18세 사이의 19명의 청소년기 소녀 그룹과, 22세에서 38세 사이의 성인 여성 그룹에게 의도와 행동에 관한 시나리오가 주어졌다. 의도를 생각할 때, 청소년기 소녀들의 내측 PFC가 성인 여성의 것보다 좀더 활발히 움직였다. 이 부위의 활동은 나이가 들면서 감소하는데 이는 의도에 대해 사고하는 신경계의 전략이 청소년기와 성인기 사이에 변화한다는 사실을 제시한다.[*]

청소년기를 거치면서 내측 PFC의 활동이 감소하는 이유는 아마도 이때가 PFC가 시냅스의 가지치기에 의해 조율되는 시기이기 때문일 것이다. 그밖에도 마음읽기를 위한 인지적 전략에 변화가 생겼다는 설명이 가능하다. 그러나 청소년기의 활동 감소가 새로운 마음읽기 전략 때문인지 가지쳐진 시냅스 연결조직 때문인지는 아직 밝혀지지 않았다.

---

[*] S. J. 블레이크모어 외, '의도에 대한 사고를 위한 청소년기 신경 회로 발달', 《사회적 인지와 정서 신경과학》, 2권 2호 (2007):130–39.

계속해서 성장하는 뇌, 어떻게 키워야 할까

이 연구가 인간 사회에 암시하는 것은 무엇일까?

첫째, 인간의 뇌가 수십 년에 걸쳐 지속적으로 변할 수 있다는 사실을 보여준다.

둘째, 청소년기 동안 뇌에서 일어나는 두드러진 변화를 보여줌으로써 호르몬 단독으로는 청소년기의 전형적인 행동을 설명할 수 없다는 사실을 밝힌다. 셋째, 청소년기 동안 발생하는 시냅스 인식은 초기 시냅스 가지치기와 마찬가지로 환경에 영향을 받을 수 있다는 사실을 보여준다. 지금은 순수한 추측에 불과하지만 만약 이것이 사실이라면, 청소년기에 반드시 해야 할 경험이 무엇인지 밝혀질 것이다.

킹스컬리지런던King's College London의 정신의학 연구소의 로빈 머레이Robin Murray 팀이 〈영국 정신의학 저널British Journal of Psychiatry〉에 발표한 연구 결과는, 정기적으로 마리화나를 피운 십대들이 그렇지 않은 십대보다 초기 성인기에 정신분열증을 일으킬 확률이 더 높다는 사실을 보여준다. 여기서 제기할 수 있는 한 가지 가능성은 마리화나가 10대 시기 뇌 발달에 영향을 끼친다는 사실이다.

게다가 성별에 따라 청소년기 동안 일어나는 사회적 인지발달에 차이가 생길 수도 있다. 그러나 뇌 발달이 호르몬 변화와 상호작용하는 방법과 이러한 상호작용이 사회적 인지에 끼치는 영향은 아직 확실히 밝혀지지 않았다. 우리는 신경과학계에 새롭게 등장하여 급속히 확장되고 있는 '청소년기 뇌 발달' 분야를 이제야 막 이해하기 시작하고 있는 것이다.

●
사 라 - 제 인 블레이크모어Sarah-Jayne Blakemore
●

옥스퍼드대학교Oxford University에서 실험심리학을 전공하고 우등으로 졸업했다. 2000년, 유
니버시티칼리지런던University College London에서 박사학위를 받았다. 지금은 영국 왕립학
회 특별연구원 자격으로 유니버시티칼리지런던의 인지 신경과학 연구소에서 일하고 있다.
블레이크모어는 사회적 인지 신경과학 연구에 집중하고 있다. 그녀는 다양한 형동적, 뇌영상적
방법을 이용해 청소년기의 마음읽기, 행동이해action understanding, 실행기능executive
function 발달, 자폐증에 나타난 사회적 인지 부족에 대해 연구하고 있다.

08
뇌도 친구가 필요하다

제이슨 미첼_하버드대학교 심리학과 조교수

우주 최고의 발명품, 뇌

한 번도 인간을 직접 본 적 없는 생물체가 있다고 치자. 그가 생각할 때 인간은 지구를 정복할 가능성이 가장 적은 동물일 것이다. 육상에 서식하는 대부분의 포유류와 비교했을 때 인간은 신체적으로 지극히 나약한 존재다. 인간에겐 날카로운 발톱이나 송곳니가 없다. 그렇다고 특별히 민첩하거나 힘이 센 것도 아니다. 하늘로 솟구칠 날개도, 포식자에 맞설 독도, 천적의 눈을 속일 은폐 수단도 없다. 몸을 덮는 무성한 털도 없이 초원 한가운데 두 발로 서 있는 이 약하디 약한 유인원처럼 맹수의 손쉬운 먹잇감이 될 동물이 또 있을까?

그러나 이 모든 명백한 신체적 열세에도 불구하고 인간은 이론異論의 여지 없는 지구의 정복자이며 적어도 앞으로 한동안은 그럴 것이다. 인간은 동물을 길들여 수백 가지 종류의 식물과 동물의 생명을 마음대로 이용해왔으며 수많은 동식물의 멸종을 가져왔다. 인간의 기술은 지구 자체를 계속 변화시키고 있다. 인간에 의한 지구 정복은 거의 완성된 것 같다. 남극이나 저지구궤도와 같이 좀처럼 다른 유기체가 살 수 없는 지역에서도 인간은 계속해서 살아간다.

이렇듯 지극히 연약해 보이는 우리 영장류가 어떻게 지구상의 거의 모든 서식지를 정복해버릴 수 있었을까? 그에 대한 답은 명백하다. 인간은 자연선택을 통해 이빨이나 발톱보다 더 무시무시한 적응형태인 뇌를 갖추게 된 것이다. 일 초에 열두 번씩, 평균 천 여 개의 다른 신경과 각각 의사소통을 하는 천억 개의 신경으로 이루어진 성인의 뇌는 우주상에 알려진 가장 복잡한 물체다. 이것은 또한 우리가 살아 생전 볼 수 있는 가장 정교한 실리콘칩마저 위축시킬 정도로 강력한 처리 속도를 가진 생물학적 수퍼컴퓨터다. 뇌의 엄청난 계산 능력 덕분에 인간은 다른 동물처럼 신체적 무기를 개발하기 위해 시간과 노력을 들이지 않아도 되었다.

그렇다면 이토록 비범한 물질인 뇌가 인간이라는 종에게 제공해준 이익은 정확히 어떤 것이었을까? 발톱과 날개, 독을 품은 송곳니와 달리 인간의 뇌는 주변 환경과 어떤 직접적인 상호작용도 하지 않는다. 대신 인간의 뇌는 0.5인치 두께의 뼈 속에 갇혀 신체 에너지의 20퍼센트를 게걸스럽게 소비하는 생물 세계의 독보적인 주인공이다. 인간이 다른 생물을 정복하는 데 뇌는 과연 어떤 적응적 도움을 주었을까?

뇌는 할 수 있는 유일한 신체 활동인 뉴런의 전기 화학적 발화를 주변 세계를 정복할 수 있는 신체적 활동으로 바꿔야 한다. 인간의 뇌가 사용하는 특정한 변경 체계를 정신mind이라고 하는데, 이것은 하나의 물리적 행동을 뇌에 의해 또다른 물리적 행동과 연결시키는 알고리즘으로 정의할 수 있다. 이러한 알고리즘을 설명하려고 애쓰는 분야가 바로 심리학이다. 심리학의 궁극적인 목표는 서브루틴subroutine과 다른 처리 단계의 모든 목록을 모으는 것이다. 이 단계에서 인간은 환경으로부터 얻은 물리적 정보를 머릿속에서 신경 신호로 변형한 후, 다시 환경에 대한 물리적 행동으로 돌려준다.

시각을 예로 들어보자. 인간의 지각 체계는 망막에 맺힌 광자의 2차원적 패턴을 물체에 대한 신경 경험으로 바꾸려는 일련의 처리 과정이다. 이러한 기초적인 기능을 연구하는 것은 대단히 힘든 일이다. 출처는 다소 의심스럽지만 다음과 같은 이야기가 종종 떠돈다. 인공지능 분야를 처음 개척한 마빈 민스키Marvin Minsky 교수가 학생들에게 여름방학 과제로 컴퓨터 비전computer vision(비디오 카메라로 포착한 정보를 컴퓨터로 처리하는 일—옮긴이)에 관한 문제를 내주었다고 한다. 그로부터 30년 후, 과학자들은 기본적인 지각 및 운동 신경 체제에 대해 알려줄 변형 알고리즘의 정체를 밝혀내기 위해 여전히 치열하게 연구하고 있다. 거기엔 언어와 추론, 사회적 사상의 형성과 같은 인간 정신의 고유한 레퍼토리를 보여주는 행동에 관한 비밀 또한 숨어 있다.

살아있는 뇌를 만나다

약 20년 전만 해도 뇌가 정신을 생산해내는 방법에 관한 지식은 시험적인 추정에 주로 의존했다. 그러나 최근, 기능적 영상과 가상병변virtual lesioning 기술 (병변이란 뇌 조직을 실험적으로 손상시키거나 제거하는 과정을 말한다.-옮긴이) 덕분에 연구자들은 마침내 살아있는 건강한 인간의 뇌를 면밀히 조사할 수 있게 되었다. 기능적 자기공명영상법fMRI과 그보다 앞선 기술인 양전자방출 단층촬영PET 그리고 좀더 최근의 기술인 근적외선 분광분석기NIRS와 같은 방법 덕분에 연구자들은 실험 참가자가 어떤 특정한 임무를 수행할 때 어떤 지점의 물질대사 활동이 증가하는지 정확하게 지적할 수 있다. 게다가 더욱 새로운 기술의 도입으로 연구자들은 뇌의 특정한 부위가 주관하는 기능이 일시적으로 장애를 입었을 때, 수행할 수 있는 행동과 그렇지 않은 행동에 대한 목록을 만들 수 있었다(예컨대 전자기장을 급격하게 변화시키는 경두개 자기 자극TMS은 대뇌피질성 기능의 일시적인 전기 붕괴 즉, 가상 두뇌 손상을 만드는 데 사용된다). 이러한 기술 덕분에 인간의 정신적 알고리즘이 운영되는 방법을 알려줄 숨어있는 하드웨어를 직접 관찰할 수 있게 되었고 인간 정신에 대한 이해는 급속도로 증가했다.

뇌에 대한 다음 두 가지 가정 덕분에 새로운 뇌영상법이 인간 인지 연구에 정보를 제공할 수 있었다. 첫째, 우리는 일반적으로 뇌의 각기 다른 부분은 서로 다른 내용을 처리한다고 가정한다. 즉 뇌의 다른 영역은 서로 구별되는 인간 정신의 서브루틴을 위해 일한다고 생각한다. 둘째, 우리는 뇌의 영역들이 하나의 특정한 종류의 계산에 관여한다고 가정한다. 이 두 가지 가정 덕분에 인간 정신의 체제에 대한 강력한 통찰이 가능했다.

다음과 같은 의문을 품고 있는 연구자가 있다고 치자. 다른 사람의 얼굴을 인식하고 알아보는 것 ("앗, 저 사람은 존 트라볼타다!")은 생명이 없는 사물을 인식하고 알아보는 것 ("저 남자가 입고 있는 게 흰색 양복인가?")과 똑같은 종류의 정보처리에 의존하는 걸까? 밝혀진 대로, 이 두 가지 정신 능력은 서로 가까이 있지만 구별되는 뇌 영역에서 각각 담당한다. 이것은 서로 다른 인지 과정이, 광자가 망막에 부딪치는 지점과 얼굴이나 사물을 인식하는 의식적인 경험이 이루어지는 지점 사이에서 일어난다는 사실을 암시한다. 만약 반대로 얼굴과 사물의 인식이 뇌의 같은 영역에서 이루어진다면, 연구자들은 망막과 시각에 들어온 대상에 대한 인식 사이를 똑같은 종류의 정보처리가 중재한다고 추론할 수 있다.

만약 이 두 가지 가정 중 어느 한 가지라도 사실이 아닌 것으로 밝혀진다면, 뇌영상이 심리학에 제공할 수 있는 정보의 양은 매우 제한된다. 다행히 지금까지는 뇌가 제각기 구별된 전문화된 기능을 가진 부분들로 이루어졌다는 사실을 의심할 만한 이유는 발견되지 않았다.

이런 방법으로 뇌영상은 인간 심리학의 몇몇 예상치 못한 특성을 발굴해왔다. 예를 들어 과거에 일어난 사건을 떠올리는 것은 하나의 단일한 작용이 아니라 여러 개의 각기 다른 처리 메커니즘으로 해체되는 것일 수도 있다. 기억에 기여하는 뇌 영역은 정보의 종류에 따라 다양하다. 말하자면 다시 떠올려야 할 기억이 사건의 특정한 세부사항이냐 아니면 전체적인 골자냐에 따라, 그리고 기억이 얼마나 오래 전에 암호화되었느냐에 따라 다르다. 역으로 뇌영상 연구는, 서로 구별되었다고 여겨지는 몇몇 정신 작용이 실은 동일한 정보처리 회로에 의존하고 있다는 사실을 제시한다. 예를 들어 어떤 대상을 떠올리는 것 ("당신 고양이의 귀는 뾰족하오, 아님 펄럭이오?")은 현실 세계 인식을 담당하는 몇몇 시각 처리 영역과 관련된다. 뇌영상은, 단일한 것처럼 보이지만 실제로는 다수의 과정을 포함하는 몇 가지 정신 경험을 증명해보였다.

상호작용을 갈망하는 뇌

인간의 정신 레퍼토리mental repertoire(레퍼토리는 어떤 특정 명령 시스템에 쓰이는 문자나 부호의 범위를 뜻한다.—옮긴이)에서 사회적 사고가 중심적인 역할을 한다는 급작스런 인식이야말로, 뇌영상이 심리학에 기여하리라고는 전혀 예상하지 못한 부분이었다. 호모 사피엔스는 유연하고도 새로운 방법으로 사고할 수 있는 능력 덕분에 성공적인 진화를 이루었다. 하지만 인간이 이룬 가장 극적인 혁신은 뛰어난 정신들이 뽐낸 훌륭한 솜씨가 아니라 수많은 군중이 보여준 일상적인 일을 수행하는 능력이었다. 인간에게는 개개인은 결코 성취할 수 없는 목표를 이루어내는, 협력을 수용하는 메커니즘이 있다. 덕분에 인간은 지구 정복과 같은 엄청난 규모와 복잡성을 요하는 일을 해낼 수 있었다.

수많은 개개인의 행동을 통합하기 위해 인간 정신은 최소한 두 가지 종류의 특별한 과정을 수행할 수 있어야 한다.

첫째, 타인의 정신과 조금이라도 조화를 이루기 위해서는 상대방의 속마음을 이해하는 방법을 반드시 알아야 한다. 그들의 목표와 욕망, 기호, 타인과 구별되는 인성과 기질은 무엇인가? 다시 말해 우리는 '독심술가'가 되어 주변 사람의 정신 상태를 인식할 수 있어야만 한다.

둘째, 다른 사람의 속마음을 수동적으로 인식할 뿐 아니라 그의 생각과 느낌에 영향을 줄 수 있는 능동적인 도구 또한 가져야 한다. 타인의 생각과 느낌을 이식받는 것이야말로 다른 사람의 마음을 읽는 가장 확실한 방법인데, 인간에겐 그것을 가능케 하는 대단히 강력한 수단이 있다. 언어는 한 사람의 정신 상태를 다른 사람의 마음속으로 옮기는 가장 주요한 전달 수단이다. 인간은 직접적인 지시를 통해 노골적으로 타인의 정신에 영향을 끼치려는 유일한 동물이다. 다른 영장류 역시 속임수 등을 이용해 동료의 정신 상태를 교묘하게 조종하려 들지 모르지만 자신의 정신 상태 자체를 다른 사람에게 강요하는 것처럼 보이지는 않는다.

새롭게 떠오르는 분야인 사회 신경과학social neuroscience은 이러한 대인관계 능력이 인간 뇌의 예상치 못한 특성을 끌어낸다고 주장한다. 인간의 뇌에는 타인의 마음속에서 무슨 일이 일어나는지 이해하는 특정한 영역이 있는 듯하며 자연선택은 그러한 전문화된 영역을 설계해왔다. 수많은 뇌영상 연구가 타인의 정신 상태에 관한 고려(이 사진 속에서 그는 얼마나 행복해 보이는가?)를 요구하는 일과, 정신과는 무관한 상태의 자극(이 사람의 얼굴은 얼마나 대칭적인가?)을 구분 짓는 신경 활동의 패턴을 면밀히 조사해왔다.

이러한 연구들은 다른 사람의 마음을 읽는 동안 우선적으로 작동하는 일련의 뇌 영역을 발견해냈다. 등쪽내측 전전두엽피질(이마 바로 뒤쪽에 위치한 코와 연결된 부분이다.), 측두-두정 접합temporo-parietal junction(이 부분은 두정parietal과 측두피질temporal cortis이 만나는 곳에서 발견되었기 때문에 이렇게 이름 붙었다. 귀보다 2인치 높고 2인치 뒤의 지점에 위치해 있다.), 그리고 내측 두정엽피질medial parietal cortex(정수리 바로 아래에 위치해 있다.)
이 그것이다. 사실 사회적 과업들을 수행하는 과정에서 관찰된 이들 영
역의 활동은 인지 신경과학이 발견한 가장 일관된 결과물이다.

더욱 흥미로운 것은 이들 뇌 영역의 특이한 성질이다. 특별한 일을
수행하지 않는 상태에서 MRI 촬영을 하면 대부분의 뇌 활동이 감소된
다. 그러나 타인의 마음을 읽는 동안 이들 뇌 영역은 세차게 움직인다.
이것은 인간의 뇌가 다른 사람의 마음에 대해 대단히 깊이 생각한다는
사실을 암시한다. 인간은 종종 무생물이나 자연 속에도 정신이 작용한
다고 생각한다. 이는 사회적 사고와 연관된 뇌 영역의 만성적 활동 과
다에서 나온 것일지도 모른다. 인간 정신은 언제나 자신 외의 다른 정
신과 논쟁할 준비가 되어 있으며, 이러한 성향 덕분에 세상은 온통 정
신적 행위자들로 가득 차 있다.

뇌 영역의 또다른 별난 특성이 사회적 사고의 특별한 신경 상태에 대
해 더 많은 것을 말해준다. 이들 뇌 영역은 정신 외의 다른 것을 생각할
때는 활성화되지 않는 경향이 있다. 다른 기능을 수행하는 뇌 영역은 자
신과 무관한 일이 진행될 때도 대체로 활동이 감소하지 않는다. 예를 들
어 수학적 계산과 관련한 뇌 영역은 숫자 이외의 것을 생각할 때도 활동
이 제한되지 않는다. 그러나 사회적 사고에 관련한 뇌 영역은 사용되지
않을 때 활동이 늘 감소한다. 사회적 뇌의 이러한 양상은 사회적 사고가
다른 종류의 정보처리와는 사뭇 다른 활동이라는 사실을 암시한다.

아마도 인간의 정신적 알고리즘은 다른 정신에 대해 신경을 쓰는 동
시에 정신과 무관한 실체와 상호작용할 수는 없는 것 같다. 대신 정신과

무관한 실체와 맞닥뜨릴 때는 세상에 대해 사회적 방식으로 접근하려는 경향을 잠시 보류해야 한다. 만약 모든 사물을 정신이 깃든 대상으로 보려는 성향을 도저히 억누를 수 없다면 어떤 일이 생길까? 잔에 팔팔 끓는 물을 붓거나 못을 망치로 두드리거나, 농구공을 골대에 힘껏 쑤셔넣을 때마다 우리는 대단히 무정한 사람이 되어야만 한다.

이웃의 뇌를 닮는 뇌

마지막으로 사회적 신경과학은 뇌가 주변에 있는 다른 사람의 뇌 활동 패턴을 무의식적으로 반영한다는 사실을 제시함으로써, 인간 정신이 주위 사람의 마음속을 얼마나 절묘하고 세심하게 감지하는지 증명해냈다. 걱정스러운 표정을 한 사람을 볼 때, 인간의 뇌는 편도체amygdala라는 작은 부분을 활성화시킴으로써 자신이 두려움을 느낄 때와 똑같은 방식으로 반응한다. 다른 사람이 문에 손가락을 찧거나 주사를 맞을 때, 뇌는 전두대피질을 작동시켜 마치 자신이 고통을 느끼는 것처럼 반응한다. 사람들은 때때로 고통스러운 경험을 하는 타인을 떠올리면서 가상적인 고통을 느끼며 움찔하기도 한다. 다른 사람이 썩은 쓰레기 냄새를 깊게 들이마시는 모습을 보면, 뇌는 마치 자신이 역겨움을 느끼는 것처럼 반응한다. 다른 사람이 어떤 목표를 이루려는 걸 보면 뇌는 두정엽parietal lobe과 전두엽frontal lobe 안에 있는 소위 거울 영역을 작동시킴으로써 마치 자신이 바로 그 일을 하는 것처럼 반응한다.

이러한 관찰은 무엇을 의미할까? 인간의 뇌는 자연스럽게 주변 사람의 정신과 같은 종류의 정보처리를 하려고 시도한다. 말하자면 뇌는 옆 사람의 뇌와 비슷하게 느끼는 것을 더 좋아한다. 이 발견이 의미하는 것이 무엇인지는 아직 충분히 밝혀지지 않았지만, 다른 사람의 뇌와 비슷하게 느끼려는 뇌의 조직적 활동은 인간의 사회적 상호작용의 숨은 복잡성을 암시한다.

다른 사람의 정신과 성공적으로 상호작용하고 그것을 예측하고 때론 영향을 주는 일은 일련의 특별한 인지 기술을 요한다. 어떤 종류의 정보변환 과정이 치켜올린 눈썹이나 곁눈질을 그 사람의 생각이나 감정에 관한 이해로 바꾸는 걸까? 어떤 과정이 한 사람의 정신 상태를 정교한 말의 형태로 입 밖에 나오도록 바꾸는 걸까?

과학자들은 이제 막 이러한 질문에 답할 수 있게 되었다. 살아있는 인간의 뇌를 촬영할 수 있는 최신 기술과 사회적 사고의 중요성에 대한 새로운 인식 덕분에, 심리학자들은 다른 사람의 정신에 반응하고 영향을 주고 받는 인간 정신의 정교한 춤사위의 비밀을 풀 수 있게 되었다.

●

제이슨 미첼 Jason P. Mitchell
●
하버드대학교의 '사회적 인지와 정서 신경과학 실험실'의 연구소장이다. 그곳에서 미첼은 기능적 자기공명영상법과 행동방법론을 이용해 생각과 느낌, 타인의 의견을 인식하고 추론하는 방법에 대해 연구하고 있다.
예일대학교를 졸업하고 1997년에 같은 학교에서 석사학위를 받았으며, 2003년에 하버드대학교에서 박사학위를 받았다. 현재 하버드대학교 심리학부 조교수이며, 이전에 다트머스컬리지Dartmouth College와 컬럼비아대학교Columbia University의 방문교수로 일했다.

09
두뇌 시간의 비밀

데 이 비 드 이 글 맨 _ 베 일 러 의 대 연 구 원

쿠빌라이 칸의 고민

어느 순간, 몽고의 군사 통치권자 쿠빌라이 칸Kublai Khan(1215-1294)은 제국이 너무나 광대해진 나머지 그 안에 무엇이 있는지 결코 확인할 수 없다는 사실을 깨달았다. 이 문제를 해결하기 위해 그는 사절들을 임명했다. 멀리 있는 영토에 가서 칸의 소유물을 파악해 돌아오는 것이 그들의 임무였다. 사절들은 각기 다른 거리의 영토를 다른 속도로 여행하고 각기 다른 시기에 몽고로 돌아왔다.

어떤 역사가도 이 문제에 대해 언급한 적은 없지만, 나는 쿠빌라이 칸이 인간의 뇌가 끊임없이 풀어야 할 문제와 똑같은 문제를 해결했어야 했다고 상상한다. 칸은 '어떤 순서로 어떤 일들이 제국에서 벌어졌을까?'를 고민해야 했다. 인간의 뇌는 두개골의 둥근 천장 안의 어둠과 침묵 속에 둘러싸여 있다. 뇌가 외부 세계와 접촉하려면 신경다발을 따

라 존재하며 들어오는 전기신호를 거쳐야만 한다. 다른 종류의 감각 정보는 각기 다른 신경 구조에 의해 각기 다른 속도로 진행되기 때문에, 인간의 뇌는 외부 세계를 해석하는 최상의 방법을 찾아야 하는 엄청난 도전에 맞닥뜨리고 있는 셈이다.

시각과 마찬가지로 시간 인식은 뇌의 구조물이며 실험적으로 조작하기에 놀라울 정도로 쉽다. 시간적 착각의 예는 어디서나 찾아볼 수 있다. 극장에서 우리는 일련의 정지된 상들을 부드럽게 흐르는 장면으로 인식한다. 얼핏 보면 때때로 시계의 초침이 다음 칸으로 평소보다 느리게 움직이는 것처럼 보일 때가 있다. 시계가 순간적으로 멈춘 것처럼 말이다.

시간이 느려지는 이유

지금 당장 책을 내려놓고 거울 앞으로 가보라. 그리고 눈동자를 이리저리 움직여보라. 당신은 지금 왼쪽 눈을 바라보고 있다. 이제 오른쪽 눈을, 다시 왼쪽 눈을 바라본다. 눈동자가 방향을 바꿀 때, 즉 눈동자가 움직여 다른 위치로 시선이 내려앉을 때까지 시간이 걸린다. 그러나 여기에 뜻밖의 난제가 숨어 있다. 당신은 결코 눈동자의 움직임을 볼 수 없다. 눈동자가 움직이는 동안에 발생하는 시간적 틈 사이에 과연 무슨 일이 일어나는 걸까? 어째서 눈동자의 위치를 바꾸는 동안 시간의 단절이 없는 것처럼 느껴지는 걸까? (다른 사람의 눈동자 움직임을 좇는 것은 쉬운 일이다. 그러므로 눈의 움직임이 너무나 빠르기 때문에 자신의 눈동자가 이동하는 모습을 볼 수 없다는 건 정답이 될 수 없다.)

이 모든 착각과 왜곡은 인간의 뇌가 시간 표현을 형성하는 방법의 결과다. 이 문제를 면밀히 조사해보면 시간이란 흔히 생각하듯 그렇게 일원적인 현상이 아니라는 사실을 발견하게 된다. 이것은 간단한 실험으로 설명할 수 있다. 예를 들어 일련의 상들이 연속적으로 반복해서 보여지면 그 연속물에 던져진 특이항목 상oddball이 점점 더 긴 시간 동안 지속되는 것처럼 보인다. 똑같은 물리적 시간이 가해졌음에도 말이다. 신경과학 연구에서 이러한 효과는 원래 '시간의 확장expansion of time'이라고 불렸다.

그러나 이 표현은 다음과 같은 시간 표현의 중요한 질문에 답하지 못한다. 팽창되거나 수축될 때 시간은 그 순간 동안 일반적으로 느려질까, 아니면 빨라질까? 말하자면 특이항목 상이 나타날 동안 친구가 당신에게 말을 한다면 그녀의 목소리는 느려진 레코드 판처럼 낮은 음을 띨까? 만약 인간의 인식이 영화 촬영기처럼 작용한다면, 한 장면의 한 가지 요소가 느려질 때 다른 모든 요소 또한 느려져야 할 것이다. 영화 속에서 질주하는 경찰차가 느린 동작으로 찍힌다면, 그 장면이 화면에 오래 잡히는 것은 물론 경찰차의 사이렌은 낮은 음으로 울려 퍼질 것이고 불빛은 더 느리게 깜빡인다.

대안적인 가설은 다음과 같은 주장이다. 서로 다른 시간적 판단력은 서로 다른 신경 메커니즘에 의해 생성되며 그것들이 반드시 일치할 필요는 없다. 사이렌과 불빛의 빈도가 변하지 않더라도 경찰차는 화면에 더 오랫동안 머무는 것처럼 보일 수 있다. 활용 가능한 데이터가 두 번째 가설을 지지한다. 시간 왜곡은 영화 속에서 그런 것처럼 단일한 시간의 느려짐과 같지 않다. 시각과 마찬가지로 시간 인식 또한 분리된 신경 메커니즘의 협력으로 작동한다. 신경 메커니즘은 대체로 협력을 통해 일하지만, 그렇지 않을 수도 있다. 자동차 사고나 강도 사건처럼 짧고 위험한 일이 벌어지는 순간, 시간이 '느려졌다'고 증언하는 수많은 공통된 일화가 말해주듯 말이다.

나는 이 주장을 진지한 과학적 질문으로 바꿔보기로 마음먹었다. 만약 시간이 공포를 느끼는 동안 느려진다면, 이 느린 움직임은 더 높은 시간 분해능time resolution을 가져올 것이다. 슬로우모션 비디오로 벌새를 보았을 때 보통 속도로 재생할 때보다 정밀한 시간적 구별이 가능한 것처럼 말이다. 왜냐하면 더 많은 사진이 빠르게 움직이는 날개를 담아냈기 때문이다.

연구 팀은 한 가지 실험을 고안해냈다. 참가자는 강화된 시간분해를 경험했을 때만 특정한 한 가지 상을 볼 수 있다. 우리는 시각 뇌visual brain가 시간이라는 작은 창을 통해 자극을 통합한다는 사실을 확신했다. 만약 둘 이상의 상이 하나의 통합 시간대에 도착한다면(대체로 100밀리세컨드millisecond) 그들은 하나의 상으로 인식된다. 예를 들어 회전 그림판으로 알려진 장난감은 원반의 한 면에는 새의 그림이, 다른 쪽 면에는 나무 덤불 그림이 그려져 있다. 회전 그림판을 감아 돌려 원반의 양쪽이 빠르게 번갈아가며 보이면 새들이 마치 덤불에서 쉬고 있는 것 같은 그림이 된다.

우리는 상과 그것의 음영상negative image 사이에 빠르게 교체되는 자극을 사용하기로 결정했다. 교체가 느리게 진행될 때 실험 참가자들은 그림을 쉽게 알아보았다. 하지만 빠른 속도에서 상들은 마치 회전 그림판의 새와 덤불처럼 지각적으로 겹쳐졌고 결국 알아볼 수 없는 배경 속으로 녹아들어 갔다.

이 일을 위해 우리는 무작위의 디지털 숫자와 그것의 음영상을 조정 가능한 속도로 교체하는 도구인 지각적 크로노미터(chronometer: 정밀한 경도經度 측정용 시계-옮긴이)를 설계해 정상적이고 편안한 조건에서 참가자의 한계진동수threshold frequency를 측정했다. 다음으로, 우리는 참가자들을 평평한 대에 묶었다. 대는 곧 지상에서 15층 높이로 들어 올려졌다. 참가자의 팔에는 위에서 말한 도구가 마치 손목시계처럼 감겨 있다. 지각적 크로노미터는 무작위의 숫자와 그것의 음영상을 보여 주는데 상은 참가자의 확정된 한계보다 조금 빠르게 교체된다. 그 후 참가자들은 대에서 떨어져 그물망에 착륙하기 전까지 3초 간의 낙하를 경험한다. 낙하하는 동안 참가자들은 숫자를 읽으려 시도한다. 만약 낙하할 때 더 높은 시간분해능을 경험한다면 교체율은 느려진 것처럼 보여야 한다. 만약 그렇지 않았다면 읽을 수 없었을, 정확한 숫자 보고를 가능케 하면서 말이다.

결과는 어땠을까? 참가자들은 낙하하는 동안 실험실에서보다 숫자를 조금도 더 잘 읽지 못했다. 이것은 눈을 감았기 때문이라든가 주의를 기울이지 않았기 때문이 아니라(우리는 그 점을 충분히 모니터 했다.) 그들이 결국 슬로우모션 중의 시간time in slow motion을 보지 못했기 때문이다.

그럼에도 불구하고 경과시간에 대한 인식 자체는 대단히 큰 영향을 받았다. 우리는 참가자들에게 스톱워치를 사용해 낙하한 시간을 소급하여 재생해보라고 요청했다. ("마음속으로 당신이 경험한 낙하를 재생해 보세요. 대에서 떨어질 때 스톱워치를 누르세요. 그리고 그물망에 닿았다고 느낄 때 다시 한 번 스톱워치를 누르세요.") 그리고 여기, 공포를 경험한 짧은 순간이 실재보다 훨씬 더 길게 느껴졌다는 수많은 경험담과 일치하는 결과가 나왔다. 자신의 낙하 시간에 대한 측정값이 다른 사람의 낙하 시간에 대한 값보다 평균 세 배가 길었던 것이다.

자, 다음과 같은 사실을 어떻게 이해해야 할까? 참가자들은 낙하하는 동안 시간이 팽창했다고 보고했다. 그러나 낙하하는 동안, 시간 영역time domain에 대한 식별 능력은 증가하지 않았다. 이에 대한 답은 시간과 기억이 긴밀하게 연결되어 있다는 것이다. 결정적인 상황에서 편도체라 불리는 호두만한 크기의 뇌 영역이 뇌의 다른 부분의 자원을 징발해 그 상황에 참여하게끔 만든다. 편도체가 관여하게 되면 기억은 보조적인 기억 시스템에 의해 놓여지고 시간이 지나도 생생하게 떠오르게 된다. 밀도 높은 정보는 사건을 더 길게 느껴지게 한다. 아마도 나이가 들수록 시간이 더 빨리 가는 것처럼 느껴지는 것 역시 이런 이유일 것이다. 나이가 들면 사건에 대한 농축된 표현이 발달하며 잊혀질 기억은 그에 상응해 약해진다. 어렸을 때는 모든 것이 새롭게 느껴지는데 이러한 풍부한 기억은 그 순간 시간이 더 많이 흘렀다는 인상을 준다.

꼴찌를 기다리는 뇌

뇌가 시간 인식을 형성하는 방법을 더 자세히 알아보기 위해 우리는 신호가 뇌의 어느 위치에, 언제 존재하는지 알아야 했다. 신경 시스템이 속성결합feature-binding에 맞닥뜨리게 된다는 사실은 이미 오래 전에 밝혀졌다. 속성결합이란 사물의 특징을 지각적으로 단일하게 간직하는 것을 뜻한다. 따라서 빨강과 네모짐을 움직이는 빨간 네모에서 구분할 수 없다.

다른 종류의 정보는 다른 종류의 신경 흐름에 의해 진행된다는 포유류 뇌에 대한 현대적 지식이 없다면, 속성결합이 대체로 정확하게 수행된다는 사실은 그리 놀라운 일이 아닐 것이다. 하지만 뇌가 다뤄야 할 더 까다로운 도전이 아직 남아 있다. 외부세계에서 일어나는 사건들에 정확한 타이밍을 할당하는 시간결합temporal-binding이 그것이다. 시간결합의 까다로운 점은 서로 다른 자극 특성은 서로 다른 흐름 처리를 통해 움직이며 서로 다른 속도로 진행된다는 사실이다. 뇌가 사물의 타이밍 관계를 결정하기 위해서는 다양한 감각 채널 간의 혹은 하나의 감각 채널 안의 속도의 차이를 설명해야만 한다.

신경 신호의 시간적 확장의 신비는 인간이 시간 판단을 할 때 꽤 좋은 분해능resolution을 갖는다는 점이다. 두 개의 시각적 자극은 5밀리세컨드까지는 정확하게 동시적으로 간주될 수 있으며 그 순서는 20밀리세컨드 분해능까지 평가할 수 있다. 신호들이 시공간을 지나면서 매우 흐릿해졌음에도 어떻게 분해능이 이토록 정밀할 수 있을까?

이 질문에 답하기 위해 우리는 시각 시스템의 과제와 자원을 살펴봐야 했다. 시각 시스템은 정확하게 외부 사건의 타이밍을 바로잡아야 한다. 그러나 두뇌 시스템은 눈과 시상 일부의 특성에 대처해야 한다. 시각피질에 반영된 이러한 구조는 자체적으로 진화되어 왔으며 특별한 회로망을 지닌다. 결과적으로 시각 시스템의 첫 번째 단계에서 신호는 시간 속으로 퍼지게 된다.

그러므로 시각적 뇌가 사건을 시간적으로 올바르게 인식하고 싶다면 한 가지 선택만이 가능하다. 바로 가장 느린 정보가 도착할 때까지 기다리는 것이다. 이를 위해 뇌는 10분의 1초 정도를 기다려야 한다. 텔레비전 방송 초기에 기술자들은 소리와 화면 신호를 일치시키는 문제 때문에 애를 먹었다. 얼마 후 그들은 우연히 다음과 같은 사실을 발견했다. 신호들이 100밀리세컨드의 시간차 안에만 도착한다면 시청자의 뇌는 신호들을 자동적으로 다시 일치시키는 작업을 한다. 반면 그 시간대를 벗어나면 형편없는 더빙 작업을 한 영화가 된다.

이 짧은 대기 시간은 시각 시스템이 초기 단계에 부과한 다양한 지연을 무시할 수 있게 하지만, 인식을 과거로 몰아넣는 단점이 있다. 현재와 가능한 한 가까이 작동하는 것은 생존하는 데 대단히 유리하다. 과거의 시간에 뒤쳐져 존재한다면 생존은 위태롭게 된다. 그러므로 10분의 1초라는 시간대는, 현재의 경계 근처에서 작동하면서 시스템의 첫 번째 단계에서 생성된 지연을 뇌의 위쪽 영역이 설명하게 만드는 최소한의 지연일지 모른다.

가장 느린 정보를 기다리는 이 전략은 사물 인식이 빛의 조건에 영향을 받지 않는다는 이점이 있다. 임관forest canopy 아래로, 햇빛을 군데군데 받으며 걸어오는 줄무늬 호랑이를 상상해보라. 만약 몸 표면의 밝고 어두운 부분들 때문에 다가오는 신호를 각기 다른 때에 인식한다면 호랑이를 알아보는 일은 무척 힘들 것이다. 당신은 곧 호랑이 밥이 될 거라는 사실을 깨닫기 직전에야 서로 다른 시공간 조각 속으로 침입해오는 호랑이를 인식한다. 다행히도 시각 시스템은 서로 다른 속도로 다가오는 정보들을 조화시키도록 진화되었고, 이는 인간 생존에 유리하게 작용했다.

최근 신경과학자들이 그동안 언어 장애로 분류되었던 몇몇 장애를 타이밍의 문제로서 고려하기 시작했다. 예를 들어 언어 장애 진단을 받은 뇌졸중 환자는 시간의 길고 짧음을 잘 구별하지 못한다. 또한 난독증 때문에 읽기에 어려움을 겪는 사람은 청각 표현과 시각 표현 사이의 타이밍을 적절하게 포착하는 것이 힘들 수 있다. 최근에는 시간적 순서 판단력이 정신분열증의 몇몇 증상과 관련될 수 있다는 사실이 밝혀졌다. 오귀인misattribution("내 손이 움직였어. 하지만 난 그것을 움직이지 않았어.")과 환청이 대표적 증상이다. 뇌와 관련한 시간 연구가 진전되면서 임상신경학과의 접촉점이 속속 드러날 것이다. 현재는 대부분의 상상 가능한 시간 장애가 치매나 방향감각 상실로 분류되어 일괄적으로 다뤄진다.

마지막으로, 시간 연구가 더 많이 진행되면 지금까지와는 완전히 다른 시각으로 물리학과 같은 분야를 다뤄야 할지 모른다. 물리적 이론은 대부분 세계를 인식하는 인간의 필터 위에 세워지며, 시간은 그 가운데 가장 핵심적인 필터이기 때문이다.

데이비드 이글맨David M. Eagleman

라이스대학교Rice University와 옥스퍼드대학교에서 영미문학으로 학사학위를 받은 후, 1998년
에 베일러 의과대학Baylor College of Medicine에서 신경과학으로 박사학위를 취득했다. 현재
베일러 의대 실험실에서 인식과 행동에 관한 연구를 총괄하며 시간 인식의 신경적 메커니즘을
이해하는 데 힘쓰고 있다. 이글맨은 또한 같은 대학에서 법률과 뇌, 행동에 관한 발안을 총지휘
했는데 이 발안은 신경과학의 새로운 발견이 미국의 법과 사법제도에 어떤 변화를 가져올 것인
지 판단하기 위한 것이었다.

넥스트
Next!

Part 3

낯선 세상이 온다
2020년,
위험하지만 매혹적인 미래

10
북방 유토피아의 유혹

로렌스 스미스_UCLA 지리학과 교수

피할 수 없는 현실, 지구온난화

다른 많은 문화적 변환과 마찬가지로 이번에도 축적하는 데는 오랜 시간이 걸렸지만 터질 때는 급작스러웠다. 바로 지구온난화 이야기다. 대부분의 미국 국민을 포함한 전 세계가 마침내 세계적 지구온난화를 기정사실로 인정하게 되었다. 사실 지구온난화를 대수롭지 않은 것으로 여기는 대중의 인식을 바꾸는 건 쉬운 일이 아니었다. 여기엔 수천 명의 과학자가 30년 넘게 공들여 수행한 연구 결과가 필요했다. 정부간기후변화위원회(IPCC)의 1990년, 1995년, 2001년, 그리고 2007년도의 방대한 종합보고서가 전세계에 전달되었는데, 이는 과학계에서 전례를 찾기 힘든 강한 조직력을 보여준 경우였다. 이 보고서는, 지금은 압도적인 현상이 된 새로운 '인조 기후man-made climate'의 증거를 과학적으로 입증했다.

미국항공우주국NASA의 고다드Coddard 우주연구소는 중대한 과학적 발견의 의미를 파악해 책과 인터뷰, 인터넷 동영상, 대중잡지와 같은 다양한 경로로 대중들에게 알리는 데 일가견이 있다. 이 연구소의 제임스 한센James Hansen과 펜실베니아주립대학교Penn State University의 리차드 앨리Richard Alley, 그리고 콜로라도대학교University of Colorado의 마크 세리즈Mark Serrez를 포함한 열성적인 '제3문화Third Culture' 과학자들이 여론의 변화를 이끌어내는 데 중추적인 역할을 했다. 과학적 발견을 대중에게 알리려는 이러한 노력은 과학 문화의 의미있는 변환을 보여준다. 1990년대 중반, 나는 대학원 학생이었다. 당시 저명한 천문학자이자 작가인 칼 세이건Carl Sagan은 자신의 연구 성과를 대중에게 알리려는 노력을 하고 있었다. 하지만 내가 목격한 것은, 그러한 노력에 대한 동료 학자들의 은근하나 지배적인 경멸의 분위기였다.

그러나 지금은 사정이 다르다. 대중에게 과학적 정보를 알리는 일은 특히 기후변화를 다루는 과학자의 임무 가운데 하나가 되었다. 대중은 그런 역할을 하는 과학자에게 감사하며 학자들은 대중에게 좀더 가까이 다가가려고 서로 경쟁한다. 이렇듯 대중의 생각이 급격히 바뀌는 데에는 예상하지 못했던 일련의 사건이 큰 역할을 했다. 미국을 강타한 태풍 카트리나의 공포스러운 영상은, 전 세계 TV와 컴퓨터를 통해 수백만 개의 스크린에서 재생되었다. 이들 영상은 태풍의 원인과 관계없이 대중에게 불안감을 심어주었다. 2000년에 미국 대통령 선거에서 패배한 앨 고어Al Gore는 2006년, 영화 〈불편한 진실An Inconvenient Truth〉을 제작했고, 2007년에 IPCC와 노벨 평화상을 공동 수상하기에 이른다.

이미 기후변화 문제의 심각성을 인식하고 있던 사람들의 무리에, 이 영화에 감동받은 수많은 사람들이 합류했다. 2006년, 월마트가 녹색기술을 채택하고 적극적으로 마케팅 하겠다는 결정을 내리자 수백만 명의 사람들이 기후 문제에 더욱 적극적인 관심을 갖게 된다. 나의 고향인 캘리포니아 주에서는 공화당 출신의 주지사 아놀드 슈왈츠제네거Arnold Schwarzenegger가 "기후에 관계된 논쟁은 끝났다"고 단언했다. 그의 말은 과학적으로 타당할 뿐 아니라 여론과도 일치한다.

이제 지구온난화의 심각성을 증명해야 한다는 부담감은 사라졌다. 그렇다면 다음은 무엇일까? 토론은 격렬해졌다. 미식축구에 비교한다면 대치선이 다운필드(공격하는 측이 달려가는 방향 – 옮긴이)로 옮겨갔을 뿐이다. '급격한 기후변화의 징후가 사실일까?', '지구온난화의 책임이 정말 인간에게 있을까?' 와 같은 질문은 '언제 그 일이 닥칠까?', '어디에서 일어날까?', '얼마나 빨리 일어날까?' 와 같은 것으로 바뀌었다. 과학 덕분에 우리는 위와 같은 질문을 하게 되었다. 그러나 그에 대한 답은 과학의 영역을 훨씬 뛰어넘는 큰 반향을 불러일으킬 것이다. 그것은 '인간은 21세기에 어떤 곳에 살게 될 것인가?' 라는 인간의 주거지 선택의 새 패턴이 달려있는 문제이기 때문이다. 그렇다면 이제, 정말 어떤 일이 일어날까?

지금까지 알려진 사실은 다음과 같다. 먼저 지구온난화는 이제 막 발동이 걸린 상태다. 만약 현재와 같은 정도의 온실가스 배출 속도가 지속된다면 어떤 일이 일어날까? 아마도 인류가 지금껏 경험한 어떤 것보다 훨씬 큰 기후변화가 21세기 안에 일어날 확률이 90퍼센트를 넘어설 것이다. 아직 발견되지 않은 기후 시스템의 어떤 돌연변이가 없다면 말이다.[*] 다음 세기의 인구 증가 혹은 온실가스 배출에 관한 믿을 만한 모든 시나리오는 다음과 같이 말하고 있다. 기초 물리학은, 이번 세기가 끝날 때까지 지구의 평균온도가 섭씨 1.8도에서 4.0도 사이로 오를 거라고 말한다. 평균 온도가 어디까지 상승할지는 대기 중에 배출되는 탄소의 양에 달려있다. 위에 제시한 섭씨 1.8도는 IPCC의 낙관적인 추정치인데, 이는 안정된 지구 인구와 청정에너지 기술의 채택을 전제로 한다. 가장 높은 온도인 4.0도는 화석연료에 대한 의존도가 지금과 마찬가지일 것으로 가정했을 때의 추정치다.

위에서 말한 기온 변화가 대수롭지 않게 들린다면 다음 사실을 살펴보기 바란다. 가장 낙관적인 수치인 섭씨 1.8도조차 20세기의 지구온난화 속도의 세 배에 이른다! 뿐만 아니라 앞으로 어떤 정책을 시행하든 인류는 이미 지구온난화의 덫에서 빠져나올 수 없다. 이미 배출된 가스가 대기 중에 오랫동안 머물러 있을 뿐 아니라, 지구상의 대양이 느린 반응을 보인다는 사실을 기억한다면 쉽게 이해가 될 것이다. 2030년까지 지구의 온도가 상승할 거라는 예측은 기정사실이나 마찬가지다. 만약 온실가스 배출량을 2000년도 수준으로 당장 유지할 수 있다고 가정해도, 이번 세기 중반에는 지금 예상하는 온도 상승치의 절반에 이를 것이다. 그러나 장기적인 시각에서 보면 정책 변화가 큰 영향을 끼칠 수 있다. 아직까지는 사회적으로 적극적인 조치를 취함으로

---

[*] S. 솔로몬Solomon 외 편, '정책결정자들을 위한 요약', 〈2007년 기후변화〉 (캠브리지대학교 출판부, 2007), 13호.

써 온난화의 진행을 둔화할 수는 있다. 하지만 온난화 자체를 막을 수는 없다.

따뜻해진 지구는 어떤 모습일까

그렇다면 높아진 온도는 지구에 어떤 영향을 끼칠까? 우선 수분의 증발과 토양의 건조가 심해진다. 특히 남, 북위 20도에서 40도, 말하자면 남반부와 북반부의 넓은 지대에서 가뭄이 잦아질 것이다. 미국의 남서부, 남유럽과 동유럽, 그리고 남부 아프리카와 남미 동부에서 매우 건조한 날이 눈에 띄게 늘어날 것이다. 섭씨 1도씩 오를 때마다 대기의 수분함유량이 7퍼센트씩 증가한다는 클라우시우스-클라페이론 방정식Clausius-Clapeyron equation에 따라 공기 중의 수증기 양 또한 증가한다. 수증기는 기상 시스템에 영향을 주기 때문에 폭우가 흔해지고, 따라서 홍수도 자주 발생한다. 2003년에 프랑스, 2006년에 미국, 2007년에 일본에서 발생한 살인적 열파heat wave 또한 더 자주 일어날 것이다(살인적 열파는 또한 전력의 대량 소모를 수반한다). 이미 해마다 약 3밀리리터씩 상승하고 있는 해수면 역시 지속적으로 상승한다. 정확히 얼마나 빨리, 얼마나 높이 상승할 것인지 모를 뿐이다. 미국 플로리다 주와 여러 섬나라들, 그리고 방글라데시와 같은 저지대 해안 지역이 수십 년 안에 물에 잠길 것이다.

　영화 〈불편한 진실〉을 보았거나 기후변화에 관한 기사를 매스컴을 통해 접한 사람이라면 이 우울한 소식의 상당 부분을 이미 알고 있으리라. 확실한 원인을 알 수 없는 태풍과 대형 화재와 더불어 기후변화는

21세기에 가장 많이 보도된 과학적 예언이다. 그러나 이런 것들이 지구의 기후변화에 관한 가장 비관적인 예보는 아니다. 가장 심한 기후변화는 미국 북부와 캐나다, 러시아와 유럽의 약 북위 45도 이상의 높은 위도에서 나타날 것이다. 이 지역에서 일어나는 변화는 지구 어느 곳의 기후변화보다 클 것이다. 따뜻한 겨울 덕분에 이곳의 기온은 지구의 평균 기온 상승치보다 두 배 가까이 오를 것이고 강수량도 현저히 늘 것이다. 녹아내리는 북극해의 얼음과 바닷물에 빠지는 북극곰, 사냥거리가 없는 이누이트Inuit 수렵꾼은 전 세계에 걸친 기후변화의 상징이 되었다. 최북단 지역의 기후변화는 이미 상당한 정도로 진행되었다. 북극 온난화의 속도와 심각성은 참으로 극적이다. 그러나 비교적 작고 인구도 많지 않은 이 지역의 변화는 사회적, 경제적 충격이 덜할 것이다.

더 큰 문제는 미국, 캐나다, 덴마크, 아이슬란드, 노르웨이, 핀란드, 러시아를 포함하는 방대한 지역과, 이들 나라에 인접한 대양으로 구성되는 '북방 변두리Northern Rim' 깊숙이 기후변화의 충격이 가해진다는 사실이다. 북극과 마찬가지로 이곳에서도 기후변화는 이미 시작되었다. 지구 표면 땅의 거의 30퍼센트를 차지하며 지구상에 남아있는 최대의 산림과 아직 개발되지 않은 엄청난 광물과 수자원, 에너지 자원을 보유한 이 지역에는 거의 1억 명의 인구가 살고 있다. 앞으로 더 많은 인구가 자리잡을 이 지역은 금세기에 가장 심각한 생물물리학적, 사회적 확장을 겪을 것이다.

다음과 같은 몇 가지 이유 때문에 이곳은 그동안 남쪽 지역 사람들에게 인기가 없었다. 계절은 이곳의 일광에 큰 영향을 주며, 영구동토층 때문에 북쪽 끝과 대륙 내륙의 건설 비용이 높아진다. 게다가 땅에는 물이 차서 수십억 마리의 모기가 습기 가득한 땅에서 번성한다. 경작 기간은 짧고 농작물 수확은 적으며 대부분의 땅은 산악지형이다. 그러나 무엇보다 남쪽 지역의 식물과 동물, 그리고 사람들이 북방 변두리 지역에서 살기 힘든 이유는 정신이 멍해질 정도의 무시무시한 추위 때문이다. 여름은 따뜻하고 덥기까지 하지만(여름에는 북방 변두리 지역에도 에어컨이 필요하다.) 겨울은 입김이 얼어붙는 괴물 같은 계절이다. 낙엽수는 부러져 죽고, 진흙 속에서 개구리는 뻣뻣한 시체로 발견된다. 영하 40도(이 온도에서 섭씨와 화씨는 하나가 된다.)에서 압축 펌프는 작동하지 않으며 강철은 깨지고 수작업은 불가능해진다.* '영하 40도'를 경험한 사람은 누구든 그것을 두려워하고 증오한다. 캐나다의 화이트호스에 위치한 음식점 주인, 크리Cree 족 사냥꾼, 러시아의 트럭 운전사, 그리고 핀란드 헬싱키의 은퇴자 등이 영하 40도의 추위에 대해 내게 말해주었다. 그 온도에서 인간은 아무 일도 할 수 없다고 말하며, 그들은 최근의 온난화가 가져온 여러 가지 문제와 기회에 대해서도 의견을 피력했다. 그들 모두는, 그러나 영하 40도까지 내려가는 강추위가 이제는 점점 드물어지고 있다고 안도하듯 말한다.

북방 변두리 지역의 유혹

과연 온난화로 인한 기후변화로 북방 변두리 지역에 새로운 인간 사회

---

* F. 힐과 C. 개디, 《시베리아의 저주》, (브루킹스 인스티튜션 출판부, 2003), 41-49.

가 생겨날까? 아주 가능성이 없는 이야기는 아니다. 2007년 8월 8일자 〈월스트리트저널Wall Street Journal〉 기사에 의하면, 2007년에 뉴파운랜드와 라브라도 지역에 대한 부동산 투기가 급격히 증가했다고 한다. 2007년 12월 1일자 〈파이낸셜타임즈Financial Times〉 역시 노르웨이와 스웨덴, 러시아 북부 지역의 부동산 시장이 활기를 띠고 있다고 보도했다. 그러나 당장 알라스카의 앵커리지나 캐나다의 위네페그 부근의 땅에 투자하기 전에, 먼저 다음의 충고를 듣기 바란다. 부동산은 활기를 띠겠지만 어느 지역에서나 그렇지는 않을 것이다. 수천 년에 걸친 인류의 이주와 마찬가지로 이동의 방향은 인간의 선택과, 과거의 역사와 지리의 흔적에 의해 결정된다.

나의 UCLA 동료 자렛 다이몬드Jared Diamond는 저서 《붕괴Collapse》에서 한 사회가 멸망할 가능성을 결정하는 다섯 가지 요인을 밝히고 있다. 인류의 역사를 샅샅이 살펴 얻은 통찰에 의하면 환경의 손상, 교역 대상의 상실, 적대적인 이웃, 기후의 변화, 그리고 환경 문제에 대한 사회의 대처법 등이 그것이다. 이들 가운데 하나 혹은 몇 가지가 결합해 사회를 무너뜨리는 원인으로 작용한다. 이 책은 질문을 뒤집어, 새로운 사회가 성공적으로 자립할 수 있는 요인이 무엇인지도 묻고 있다. 무엇보다 중요한 건 경제적 기회다. 다음으로 환경의 적절성, 투자와 교역의 기회(여기에는 군사 안보와 일관된 법치가 포함된다. 왜냐하면 이것 없이는 투자자가 망설이게 되어 안정적인 교역이 불가능하기 때문이다.), 우호적인 이웃, 그리고 자진해서 찾아오는 이주자가 중요한 요인이 된다.

현재 북방 변두리 지역들은 이러한 조건을 각기 다른 정도로 충족시키고 있다. 훌륭한 경제적 기회는 화석연료, 광물, 어류, 목재 등의 1차 상품의 형태로 존재한다. 사실 이들 자원을 이용한 상품이 북방 변두리 지역 국가들의 국내총생산의 대부분을 차지하고 있으며 정부 서비스가 그 뒤를 따르고 있다. 세계의 다른 지역에 비해 이웃들은 일반적으로 우호적이다. 이 지역 국가들은 모두 사회 분위기가 안정된 편이며 국경 문제에 대해서도 주변국과 별다른 문제를 일으키지 않고 있다. 핀란드가 러시아와 접하고 있는 긴 국경선에 대해 불만을 토로하고, 러시아는 미국과, 특히 인구가 희박한 중국과 접하고 있는 동쪽 경계선에 대해 걱정하고 있지만 국경선은 오늘도 평안하다. 2차 대전 이후, 이 지역의 여덟 개 나라 사이에서 심각한 군사적 침공은 발생하지 않았다. 이들 가운데 러시아를 제외한 일곱 국가는 세계에서 가장 안정적인 정치제도와 법치를 누리고 있다.

이제 환경의 적절성과 교역, 그리고 이주자들에 대해 생각해보자. 지구온난화는 현재 북방 변두리 지역에서 인간 활동의 확장을 제한하는 가장 큰 환경적 요인인 잔혹한 겨울을 누그러뜨릴 것이다. 지구온난화는 또한 짧은 작물 성장 시기와 같은 문제를 개선할 것이며, 동시에 해충의 번식과 같은 새로운 문제를 발생시킬 것이다. 그러나 이런 문제들은 따뜻한 겨울이 주는 여러 가지 영향에 비하면 이차적인 중요성을 지니는 데 그친다. 사회 붕괴를 가져오는 다섯 가지 요인 가운데 하나로 알려졌던 기후변화가 이 지역에서는 오히려 사회를 성장시키는 역할을 할 것이다.

이제 남은 것은 교역과 이주자다. 나머지 요건이 모두 충족된다면 이

둘은 주로 시장과 사회기반 시설, 인구 동향에 좌우된다. 상품의 가격
은 늘 불안정하지만, 장기적으로 세계의 수자원과 광물, 에너지, 식품,
그리고 목재에 대한 수요는 커질 것이다. 그러나 수요 자체는 교역을
창출하지 않는다. 사회기반 시설이 없으면 상품을 시장에 운반할 수 없
고 이주자는 노동력을 팔 수 없다. 이주자가 늘어나려면 국내의 인구
증가나 이민, 혹은 둘 모두가 필요하다. 오늘날 북방 변두리 지역 국가
들의 사회기반 시설 수준과 인구 동향은 심한 격차를 드러내고 있다.
아마 이런 차이가 북방 변두리 주거의 지리적 패턴을 형성할 것이라고
나는 생각한다.

북방 변두리 지역의 풍부한 자원과 적은 인구는 중앙정부에게 거절
하기 힘든 유혹이었다. 그들은 각기 다른 이데올로기를 동원해 사회기
반 시설을 확충하고 인구를 늘리고 경제를 활성화시키려 노력했다. 결
과는 성공과 실패가 뒤섞인 것이었다. 원주민에 대한 중앙정부의 대우
또한 제 각각이었다. 미국과 캐나다의 원주민이 경제적으로 가장 풍족
하며 스칸디나비아 원주민과 러시아 원주민이 그 뒤를 따른다.

그러나 지금까지 이야기한 모든 것은 20세기에 이루어진 두 가지 선
택에 비하면 훨씬 덜 중요하다. 그 두 가지 선택은 북방 변두리 지역에
대한 인류의 발자취를 완전히 바꾸었다. 첫 번째 선택은 미美 육군이
제2차 세계대전 중에 캐나다를 점령하기로 한 것이다. 다른 하나는
1929년부터 1953년 사이에 스탈린이 시베리아 전 지역에 구락Gulag이
라고 불린 일련의 강제노동수용소와 망명자 마을을 건설한 것이다. 스
탈린이 이 살인적인 시설을 운영한 숨은 동기는 정치적 불만분자를 없

애버리는 것 말고도 또 있었다. 즉, 당시 소수의 원주민만이 살고 있던 변방으로 러시아인들을 강제로 이주시키려고 한 것이다. 그곳에서 굶주림과 추위, 탈진과 노골적인 살인 등으로 수많은 사람들이 목숨을 잃었다. 구락은 현대사에서 가장 잔악한 일이 벌어진 현장이다.

그러나 구락은 강제 이주의 방법으로는 대단히 성공적이었다. 1950년대 초에 구락의 수용 인원은 250만 명에 이르렀는데, 대부분은 정치적 망명자나 사소한 죄로 형을 받은 사람들이었다. 그들은 광산에서 일하거나 벌목 작업을 했고 도로나 철도, 공장을 건설했다. 형기를 마친 후에도 그들은 고향에 돌아갈 수 없었다. 법으로 그것을 금지했기 때문이다. 이 죄수들의 마을은 대단히 커져서 1980년대 말에는 노보시빌스크, 옴스크, 예카테린브르크, 하바로브스크, 체랴빈스크, 노릴스크, 볼쿠타 등의 도시가 지구상에서 가장 추운 지대 가운데 하나인 이곳을 가로질러 세워졌다. 어머니 러시아가 시베리아라는 도시를 낳은 셈이다.

오늘날 이들 도시의 장래는 불확실하다. 이들의 위치는 애초부터 경제적으로 살아남기 위한 실질적인 필요를 기준으로 결정된 것이 아니었다. 대신 단순히 자연을 이용하거나 혹은('공업은 나라 전체에 골고루 분포해야 한다'는 엥겔의 의견과 같은) 별난 사회주의적 발상으로 자의적으로 선정된 것이었다. 이들 도시는 덕분에 비합리적인 입지 위에 건설되었다. 가혹한 자연환경, 도시 사이의 너무나 먼 거리, 중앙정부의 막대한 보조금을 필요로 하는 어처구니 없이 긴 사회기반 시설 등이 그것이다. 이처럼 사람이 살 수조차 없는 곳에 도시를 세운 결과 소련의 경제는 엄청난 부담을 지게 된다. 《시베리아의 저주The Siberian curse》에서 저자 피

오늘 힐Fiona Hill과 클리포드 개디Clifford Gaddy는 이러한 부담이 1991년에 일어난 소련 붕괴의 한 요인이 되었다고 주장한다.

소비에트연방이 붕괴되자 보조금은 사라졌다. 1980년에 시베리아의 큰 도시들은 불경기 때 미국 디트로이트에서 노동자들을 일시 해고시킬 때보다 더 빨리 인구가 줄었다. 지금은 인구가 안정되는 듯한 징조와 고유가로 인한 제한적인 호경기가 서서히 돌아오고 있다. 러시아와 중국이 시베리아의 방대한 자연 자원에 주목하고 있기 때문에 이번에는 좀더 현명한 사회기반 시설이 건설될지도 모른다. 징조는 이미 보이고 있다. 러시아의 푸틴Vladimir V. Putin 대통령은 모스크바와 블라디보스톡을 잇는 세계에서 가장 긴 고속도로를 공식 개통했다. 또 러시아의 군사학자들은 시베리아의 방대한 목재 보류지를 개방해 중국 자본으로 개발하여 극동 시베리아에 '경제자유지구'를 건설하자는 의견을 냈다.

그러나 자살을 포함한 높은 사망률과 극심한 가난이 겹쳐 러시아인과 원주민을 더한 이곳의 인구는 계속해서 감소하고 있다. 이주민의 정착이 활발해지고 경제적으로 발전하려면 더 많은 사회기반 시설을 건설하고 현명한 이주 계획을 세워야 한다. 실패한 도시들을 포기하거나 이전해야 하며 인구의 감소를 막아야 한다.

북미 대륙의 사정은 달랐다. 소수의 백인 이주자들은 처음부터 원주민과 공존하면서 광물 채굴과 수렵, 어업, 그리고 소규모 영농을 하면서 힘겹게 땅을 개척해 나갔다. 그러다 제2차 세계대전이 모든 걸 바꿔놓았다. 전쟁이 한창 진행 중일 때 미 육군이 비행장과 도로, 기지, 송유관, 항만, 레이더 기지 등의 사회기반 시설을 알래스카와 캐나다, 아이슬란드와 같은 북방 변두리 지역에 대대적으로 건설한 것이다. 알라스카에만 6만 명이 넘는 미군과 사업을 위해 몰려온 사람들이 거주하고 있었다.

캐나다의 서북 지역에도 4만 명이 넘는 미군과 민간인이 들어와, 마치 미군이 이곳을 '우호적으로 점령'한 것 같은 느낌을 주었다. 인구밀도가 매우 희박한 이 지역에서 4만 명이 넘는 인구의 유입은 참으로 대단한 규모였다. 오타와에 위치한 캐나다 정부는 미국이 서북 이동통로와 알라스카의 고속도로, 캐놀 송유관을 건설하고 다른 수십 개의 공사를 진행하면서 나라를 근본적으로 바꿔놓는 장면을 지켜보았다.* 미 육군 공병단의 영향은 지금도 북방 변두리 지역의 인구 정착과 경제활동의 패턴을 결정하고 있다.

이 과정에서 완전히 소외된 원주민들은 고향 땅이 황폐화되는 모습을 지켜봐야 했다. 고유한 문화가 큰 피해를 입었지만 그들은 이주 계획을 받아들였다. 그러나 1970년대 초부터 이들은 토지반환청구와 같은 법적인 대응을 통해 토지와 광산에 대한 권리를 서서히 되찾고 있다. 미국과 캐나다의 원주민은 회사를 조직해 경제적, 정치적 힘을 강화하고 있고 북방 변두리 지역에서 가장 높은 인구증가율을 보이고 있다. 이미 좋은 지역에는 많은 사람들이 살고 있다.

북방 유토피아는 존재할까

지금까지 살펴본 사실들이 다가올 북방 이주에 관해 말하고 있는 것은

---

* K. S. 코츠와 W. R. 모리슨, 《2차대전 중의 알라스카 고속도로: 미군의 캐나다 북동쪽 점령》, (토론토대학 출판부, 1992)

무엇일까? 미국과 캐나다는 상당한 수준의 사회기반 시설과 안정된 법질서, 적합한 국내 인구를 가진 나라다. 즉 북방 확장을 위한 유리한 위치에 있다. 러시아는 그렇지 못하다. 잘못 자리잡은 사회기반 시설과 급격히 감소하는 인구 때문이다. 잘 발달된 도로와 항만, 수준 높은 대학을 보유한 스칸디나비아의 국가들 역시 이미 시작된 기후변화인 따뜻한 겨울의 혜택을 받을 준비가 되어 있다.

오해의 여지를 없애기 위해 이 점은 분명히 하고 싶다. 내가 이야기한 변화는 사람이 거의 살 수 없는 땅을 어느 정도는 살 수 있는 땅으로 바꾸는 일이다. 북방 유토피아는 없다. 북위 50도와 남위 45도 사이의, 크고 살기 좋은 땅을 즐기면서 지금 머물고 있는 곳에 그대로 있는 편이 인류에게 훨씬 낫다. 지구온난화가 캐나다 매니토바 주에 위치한 처칠의 온도를 미국 미네소타 주의 미네아폴리스 시의 2월 온도 수준으로 높인다고 해도, 지구의 축은 23.5도 기울어 있기 때문에 높은 위도의 지역에는 항상 어둠과 추위가 도사리고 있다.

주사위가 완전히 던져진 것도 아니다. 인류가 대규모 온난화에 갇힌 것은 사실이지만, 지금 당장 야크츠크로 이주해야 할 정도는 아니다. 스탈린은 북방 변두리 지역에 죄수들을 위한 수용소를 세웠다. 미 육군은 비행장과 고속도로를 건설했다. 우리 역시 선택을 해야 한다. 그 선택은 IPCC의 온실가스 배출 시나리오와 같은 객관적인 시나리오에 입각한 것이어야 한다. 이제 먼 장래를 내다보는 현명한 계획에 따라 북방 변두리 지역을 활용해야 한다는 사실을 고민해야 할 때다.

그러나 북방 변두리 지역은 기껏해야 견딜 만한 곳이 될 것이며 낙원

이 될 수는 없다. 나는 라브라도의 앵커리지에 투자하는 것은 추천하지
않는다. 혹 미시건이라면 모를까.

●
로렌스 스미스 Laurence C. Smith
●

1996년, 코넬대학교Cornell Univesity에서 지구대기과학으로 박사학위를 받았다. 지금은 캘리
포니아주립대학교 로스엔젤레스 캠퍼스(UCLA)의 지리학과 교수이자 부학장, 그리고 지구우주
과학과 교수로 일하고 있다. 〈사이언스〉와 〈네이처Nature〉와 같은 과학 저널에 50편이 넘는 연
구 보고서를 게재했다. 2006년, 스미스는 '북방 지역의 기후변화가 미칠 영향'에 대한 미美 국
회 보고서를 작성했다. 2007년에는 정부간기후변화위원회(IPCC)의 〈제4차 기후변화 보고서〉에
서 그의 연구 결과가 중요하게 다뤄졌다. 'NASA 젊은 연구자 상'(2007), 'NASA 젊은 과학자
를 위한 대통령 상'(2002) 등의 수상 경력이 있다.

깊이 연구하고 널리 대화하라

개빈 슈미트_기상학자, 고다드우주연구소 연구원

원심력 vs 구심력

과학자들은 점점 더 좁은 분야에 대해 점점 더 많이 알게 된다. 존재하지도 않는 분야에 대한 모든 것을 알 때까지.

_ 존 지맨John Ziman

환원주의reductionism는 효과적이다. 2천 여 년에 걸친 과학적 진보는, 복잡한 현상의 본질에 접근하기 위해 문제를 잘게 쪼개는 것이 자연세계를 이해하는 좋은 방법이라는 사실을 보여주었다. 하지만 과학적 발견이 기하급수적으로 늘어가면서 우려 역시 커져온 게 사실이다. 과학의 전문화가 계속 진행되면 결국 다른 분야의 과학자간의 의사소통과 협력이 불가능해질 것이라는 견해였다. 이러한 비관적 예측에도 불구하고, 둘 이상의 분야에 걸치는 과학은 위대한 통찰의 원천이 되어왔고 지금도 그러하다. 환원주의에 대한 강력한 지지가 분야를 넘나드는 연구를 육성하려는 세력의 역습을 받고 있다.

18세기 말에 이르러, 출판되는 모든 과학적 저작물을 한 개인이 소화해내는 것이 불가능하게 되었다. 물리학자이자 의사, 이집트학자였던 토마스 영Thomas Young(1773-1829)이 아마도 '모든 것을 알고 있던' 마지막 인물이었으리라. 또다른 후보로는 고고학자이자 수학자, 생물학자, 물리학자, 화산학자, 그리고 이집트학자였던 아타나시우스 키르케르Athanasius Kircher를 들 수 있다. 누가 최후의 만능박사이며, 실제로 그들이 존재는 했었는지는 중요한 문제가 아니다.

그러나 19세기 초에 과학 학술지들이 생겨나면서, 과학자들은 분리되어 진행되는 연구에 불만을 터뜨리기 시작했고 각 분야가 교류할 수 있는 기회가 사라진 것에 대해 비난을 해댔다. 전문화의 증가는 과학 영역에서 발생한 거의 모든 병폐의 원인으로 지목되었다. 1900년에 열린 '과학 진보를 위한 미국 연합모임'의 보스턴 지부 행사의 저조한 참석률과, 1959년 C.P. 스노우Snow가 제기한 인간성의 소외 문제를 떠올려보기 바란다. 비록 아직까지는 하위 학문간의 불협화음 때문에 과학이 파탄에 이를 지경은 아니지만, 과학계를 분화하려는 힘은 분명 존재한다. 그 중 어떤 것은 자연스럽고 불가피하며 칭송할 만한 반면, 어떤 것은 인위적이고 피할 수 있으며 유감스러운 것들이다.

하지만 경직된 범주를 깨려는 자극 또한 존재한다. 나는 증가하고 있는 분화를 이끄는 힘을 표현하기 위해 원심력이라는 용어를, 그것에 대항하는 힘을 표현하기 위해 구심력이라는 표현을 쓰겠다. 과학기술을 다루는 기업이 발전하는 데는 원심력과 구심력 사이의 긴장이 도움이 되며, 그 때문에 기업은 역동적으로 보인다. 나의 관찰은 지구과학, 그 가운데 특히 기후와 기후변화를 다루는 분야에서 얻은 경험에서 비롯된 것이다. 이 분야에 대한 대략적인 검토는 이 글의 논의를 이해하는 데 도움이 된다.

지구의 기후 체계는 지구 대기, 대양, 대륙, 그리고 빙하로 구성된다. 그것들의 동역학, 화학, 그리고 구성요소는 '대기', 즉 날마다 경험하는 '일상적인 날씨'를 생산하기 위해 수많은 방법으로 결합하며 과학자들은 이러한 체계를 여러 가지 다양한 방법으로 연구한다. 그들은 열대 태평양의 변동을 직접 관찰하며 해수면 변화에 대한 인공위성의 측정치를 분석한다. 또한 80만 년된 남극 얼음의 거품이 함유하고 있는 가스 농도를 측정하며 기후 순환에 대한 복잡한 컴퓨터 모형을 만든다.

이러한 노력에 담긴 근본적인 질문은 비슷하다. 기후는 왜 지금과 같은 상태가 되었을까? 과거에 기후는 어떻게 변해왔을까? 기후는 변화하고 있는가? 미래에 기후는 왜, 그리고 어떻게 변할 것인가? 그러나 이러한 질문에 대한 시간 척도와 연구방법, 그리고 답변의 종류는 매우 다양하다. 모든 기후학자가 명목상 같은 대상을 연구하고 있지만 모형 설계자, 기후학자, 빙하 심층 전문가 등 각각의 집단이 생각하는 질문의 내용과 답의 형태는 각기 다르기 때문이다. 그러므로 기후학의 영역에서 학제간 과학이 어떤 역할을 하는지 살펴보는 것은, 원심력과 구심력이 실제로 과학에 어떤 영향을 미치는지 알 수 있는 좋은 방법이다.

과학이 분화되는 이유

마치 몸속 콜레스트롤처럼 원심력에도 좋은 원심력과 나쁜 원심력이 있다. 좋은 원심력은 오존 감소에서 발생하는 화학적 반응을 격리해야 할 필요성이라든지 대기 중의 방사선 이동의 모형을 향상시키는 것과 같은 나무랄 데 없는 환원주의적 동기에서 발생한다. 이 모든 것은 특정하고 세분화된 연구 기술과 현장 관찰, 복잡한 수학을 요하는 전문적인 업무다. 다양한 분야의 연구자들이 이러한 문제에 대해 함께 논의해야 할 특별한 이유는 없다. 사실 그들이 날마다 던지는 질문과 해결책은 오직 같은 분야를 연구하는 동료에게만 강한 흥미를 자아낼 것이다. 나쁜 원심력은 인간의 약점에서 비롯한다. 부족주의tribalism, 타성, 관료제, 그리고 안정된 직장에 대한 욕망 같은 것을 생각해보라.

새로운 하위 학문은 흥미로운 결과를 낳는 새로운 도구나 기술과 더불어 성장하며, 다른 연구자들이 후속 작업을 진행한다. 만약 도구나 기술이 충분히 유망한 것이라면 결과를 분석하기 위한 모임이 빠르게 조직될 것이며, 대학은 그 주제를 연구하기 위한 박사과정을 개설할 것이다. 교수들이 생기고 논문이 발표되며, 이러한 과정을 거치면서 새로운 용어가 탄생한다. 그러면서 이 분야에서 성공하기 위한 공식이 서서히 확립된다.

이러한 예들은 차고 넘친다. PCR(폴리메라아제 연쇄 반응) 덕분에 DNA 지문감정법, 유전자 배열, 그리고 인간 게놈 프로젝트가 잇달아 가능해졌다. 컴퓨터 하드웨어의 발달은 날씨를 예측하는 수학적 모형을 탄생시켰다. 인공위성은 원격탐사 분야를 탄생시켰다. CERN(유럽 핵연구 기구)의 초대형 입자 가속기는 고에너지 물리학을 재발명했다. 이것은 모두 바람직한 일이었다.

고해양학古海洋學은 최근에 나타난 지구과학의 하위 분야다. 고해양학은 지난 수백만 년 동안 일어난 해양 대순환의 변화와 화학, 생물학을 다루는 학문 분야다. 이 분야를 탄생시킨 혁신은 심해채굴의 발달이었다. 심해채굴 덕분에 거의 모든 해저에서 얻을 수 있는 고대 바다 진흙의 저장물을 추출하는 작업이 가능해졌다. 이 기술을 만든 과학적 약진은 1960년대의 소산이다. 1960년대는 바다 밑 진흙 속의 작은 조개껍데기에 장착한 지구화학적 추적자를 통해 빙하시대의 성쇠를 조사할 수 있던 시대였다. 이 결과는 비교 연대측정과 모든 해양 분지의 데이터를 관련시키는 데 쓰였고, 결국 빙하시대의 순환은 지구 궤도의 예측 가능한 흔들림 때문이라는 결론을 이끌어냈다.

예상한 대로 궤도의 선회, 유공충의 전이기능, 알케온 온도측정, 방해석 분해지수 등 새로운 기술 용어가 등장했다. 좀더 미묘하게는 다른 학문 분야의 용어들이 들어와 전용되고 새로운 의미가 더해졌다. 고해상도는 수십 년, 혹은 한 세기에 이르는 기후변화의 측정을 가능하게 할 만큼 큰 침전률을 가리키는 용어였다. 그러나 이러한 정의는 물리해양학이나 천문학, 혹은 미생물학에서 쓰이는 것과는 무척 다르다. 심해의 환기는 공기의 흐름과는 거의 상관이 없지만 심해수와 표층수의 혼합과는 매우 밀접하게 관련된다.

그러나 새로운 연구가 다른 분야에서 정의한 용어와 개념을 다르게 사용하기 때문에 동일한 개념이 결국 미세하게 다른 현상의 연구에 적용되기도 한다. 코끼리를 각각 끈이나 벽, 혹은 창 등으로 무척이나 다양하게 묘사한 눈먼 사람들에 관한 인도의 우화를 들어본 적이 있을 것이다. 그러나 사실은 그 반대의 우화가 더 적절하다. 코끼리를 끈같이 생긴 동물이라고 느꼈다는 이유로, 그가 코끼리에 대해 올바른 이해를 가졌다고 볼 수는 없다.

이것이 과학적 하위 분야의 고립을 이끄는 '과학적이라고 말하기는 부족한' 요소를 바라보기 시작하는 지점이다. 열대 태평양에서 발생하는 기온 경도가 좋은 예다. 관측에 의하면 이러한 변화는 엘니뇨 현상과 관련된다. 고대의 기온 경도 변화 역시 비슷한 현상과 관련되지만, 현대의 해양학자들이 '고古엘니뇨 현상'을 반드시 인식하는 건 아니다.

덧붙여 사회적 요소 또한 작용한다. 과학적 발견의 축적과 함께, 특정한 하위 문화와 새로운 분야에서 성공할 수 있는 공식이 생겨난다. 한 분야를 개척한 세대는 자신의 연구를 이어가고 활성화시킬 후계자를 찾고 싶어하며 젊은 세대는 멘토와 경쟁하길 원한다.

고해양학에서 이러한 패턴은, 40여 년 전에 처음 이 분야를 개척한 지구화학자가 설정한 것이었다. 고해양학자들의 명성은 견고한 분석적 기술에 기반한 것이며 거의 그들만이 독점적으로 접근할 수 있는 바다의 몇몇 지점에서 얻은 자료와 관련이 있다. 심해 굴삭장치는 특정한 시점의 결과를 제공할 수밖에 없고 따라서 다른 심해 굴삭장치들과 자세한 내용을 비교하기 힘들 수 있다. 이 장치에 시기를 알 수 있는 기술을 더해야만 기존 지식에 새로운 지식을 더할 수 있을 것이다. 따라서 각 분야에서 나오는 수많은 논문은 특정한 지점에서 벌어지는 덧없는 변화에 관해 떠들어대는 경우가 많다. 훨씬 더 어려운 과업, 즉 어떤 시점에서도 적용되는 지질학적 변화 패턴을 밝히는 일에는 손도 대지 못한 채 말이다.

젊은 고해양학자들의 영감을 자극하는 방법은 명확하다. 해양채굴협회에 가입하고 고정밀 측정용 장비에 투자하면 된다. 이 장비는 질량분광계의 일종으로, 가격은 약 10억 원 정도이며 때때로 신규 교수채용 협상 조건에 포함되기도 한다. 그러나 여기에는 연구자들을 금전적으로 지원하고 흥미로운 결과를 내야 하는 책임이 따른다. 연구실 공간의 사용에 대한 정당화가 필요하기 때문이다. 따라서 젊은 과학자들은 기존의 지배적인 연구 환경에 갇혀버리고, 다른 분야를 연구해서는 좀처럼 경력을 쌓기 힘들게 된다. 이것은 학제간 연구를 위한 노력을 좌절시킨다.

요약하자면, 하위 분야가 일단 자리를 잡으면 전문화는 학제간 연구에 장벽을 쌓는다. 전문적인 용어는 해당 분야 외의 거의 모든 하위 분야를 배척한다. 용어를 주고 받고 재정의하면서 의사소통의 미묘한 실패가 발생한다. 전문적인 학술지, 학회, 학과, 그리고 장비에 대한 투자가 늘어나고 새로운 방법론의 활용이 심화된다. 이 모든 것이 고립된 하위 문화를 만들어내고, 그들의 논의는 더 넓은 분야에 종사하는 연구자들과 점점 더 소원한 관계를 맺게 한다.

사실 과학자들이 어떤 명백한 잘못을 저지르는 건 아니다. 그러나 개인이 내리는 이성적인 결정의 합이 지니는 영향력은 분야 전체에 해를 끼칠 수 있다. 이것은 또한 해당 분야의 성공에 대한 외부의 원활한 평가를 방해하며, 연구 지원금 확보를 어렵게 할 수 있다. 또한 내부적으로는 연구 결과를 효과적으로 알릴 수 없다는 사실에 대해 좌절감을 느낄 수 있다.

융합의 길

과학적 통합의 구심력이 어떻게 작용하는지 보려면, 관련 분야 과학자의 시각에서 해당 학문을 보는 것이 도움이 된다. 즉, 과학자들이 관련 분야에서 새로운 결과를 발견하고 받아들이는 방법과 좀더 근본적인 단계로 연구를 진행시킬 때 사용하는 기준을 살펴보는 것이다.

새로운 과학적 발견에 대한 정보가 퍼지는 데에는 크게 세 가지 방향이 있다. 대중화, '사절들ambassadors', 그리고 전문적인 논문 출간이 그것이다.

첫 번째 것과 관련해서는 다음과 같은 사실에 많은 사람들이 놀랄 것이다. 상당수의 기후학자들이 앞으로 특정 주제를 다룬 논문의 원본보다는 그것에 대해 대중적으로 풀어 쓴 책을 더 즐겨 읽을 것이다! 나 역시 연구의 대중화를 시도한 적이 종종 있는데 그럴 때마다 깜짝 놀라곤 한다. 나의 전문적이지 않은 설명이나 묘사가 그들 연구의 세부적인 부분을 정리하는 데 큰 도움이 되었다는 다른 영역 연구자들의 고백 때문이다.

두 번째 방법은, 한 하위 영역에 전문적인 지식을 갖고 있지만 폭넓은 분야의 과학자들과 대화하는 데 많은 시간을 쏟고 때로는 다른 분야에 뿌리를 내리기도 하는 과학자들로 구성된다. 이들은 융합의 강력한 지지자들이며 종종 이 분야에서 저 분야로 효과적으로 이동한다. 그러나 이들은 극소수에 불과하며 주로 독자적으로 활동하고 있다.

전문적인 논문에 대해 말하자면, 일반 대중과 마찬가지로 과학자들 역시 다른 분야의 최신 연구 성과를 담은 논문을 읽는 것이 사실상 불가능하다. 그들이 이해할 수 있는 논문은 다음 세 가지 정도로 구분할 수 있다.

첫째, 개 중에는 정말 커다란 주제를 다루기 때문에 흥미진진한 요소를 내재할 수 밖에 없는 성질의 연구가 있다. 예를 들어 루이스 알바레즈Luis Alvarez와 월터 알바레즈Walter Alvarez가 백악질 말기에 일어난 소행성 충돌에 관해 쓴 1980년의 논문을 생각해보라. 2000년에 발표된 지구궤도의 세차歲差에 관한 케이트 스펜서Kate Spencer의 논문도 비슷한 경우다. 그러나 이 논문들이 필연적으로 학문간의 융합을 불러오지는 않았다.

읽을 만한 두 번째 종류의 논문은, 마치 이 분야 저 분야에 두루 관련된 것처럼 보이는 전문적인 논문이다. 메사추세츠 주에서 발생한 허리케인에 관한 보고라든지, 6천 년 전에 일어난 엘니뇨 현상, 혹은 마지막 빙하기말에 덩치 큰 포유류의 멸종에 기여한 인간의 역할이 그 예다. 이들 연구는 허리케인이나 엘니뇨 현상, 혹은 종의 멸종에 관한 연구와 충분히 관련될 수 있다. 하지만 직접적인 관련성은 종종 매우 작은 부분에 불과하며, 연구 대상이 된 지점이 더 넓은 지역을 대표하지 않을 때도 많다. 기간이나 분석 역시 지나치게 제한적인 경우가 많으며, 정보를 수집한 상황이 너무 복잡하거나 불명확할 수도 있다. 때로는 앞서 말한 미세한 정의의 차이가 의사소통에 지장을 줄 수도 있다. 이러한 종류의 연구가 성공적인 상호작용을 낳는 일은 드물다.

마지막이자 가장 중요한 논문은 연구 결과를 융합한 경우다. 말하자면 여러 분야의 연구 결과의 정수를 요약해서 합친 것이다. 때때로 융합은 수리 모형과 연관된다. 대규모 모형의 발달은 그 자체로 계산과 대기, 해양 전문가를 불러모으는 융합의 주된 예다. 훌륭한 융합 논문은 때때로 다수의 학제간 연구에 편리한 시각을 제공한다. 이런 논문은 여러 가지 패턴을 이해하는 데 필요한 폭넓은 노력을 낳고 상호보완적인 연구방법을 지지한다. 융합 논문은 폭넓은 분야의 상호관련성을 극적으로 증가시키는데, 이는 추후 연구에 이용할 수 있는 자원의 증대와 그 학문의 관련성을 평가하는 핵심 요소다.

과학에서 구심력을 찾는 시도는 융합이 발생하는 원인과 방법을 묻는 것과 엇비슷하다. 너무나 방대해진 정보와 실험 과정 때문에 이제 한 개인이 모든 것을 따라잡기는 힘들어졌다. 그렇기 때문에 융합의 필요성이 제기된다. 융합은 기본적으로 어수선하게 흩어진 수많은 정보 사이에서 필요한 부분을 찾는 작업과 관련된다. 융합적 분석에 대한 과학자들의 태도는 각기 다르다. 결국 한 사람에게 소음에 불과한 것이 다른 이에겐 중요한 신호일 수 있다. 이러한 프로젝트는 아래에서 위로 진행될 수도 있고 그 반대일 수도 있다. 마지막 빙하기의 기후 측정은 고기상학자들에 의해 아래에서부터 이루어졌다. 반대로 정부기관의 주도로 연구가 이루어진 경우도 있다. 국립해양정보센터의 주도로 수많은 개인들의 연구 결과가 편집되어 기온과 염분에 대한 총체적 연구가 이루어졌다. 외부의 압력 또한 융합 연구를 낳는 흔한 동인이다.

융합 연구의 광범위한 영향과 인상적인 후속 연구에도 불구하고 비판적이며 때로는 적대적인 반응은 여전히 존재한다. 그리고 그 반응은 주로 연구가 이루어진 바로 그 분야에서 나오곤 한다. 때때로 융합 연구가 적절하게 이루어지지 않았다고 주장하는 근거가 불명확한 의견이 제기되기도 한다. 너무나 많은 것이 여전히 밝혀지지 않았을 뿐만 아니라 사실 어떤 것은 황당한 주장처럼 보이기 때문이다. 그런가 하면 별다른 노력 없이 성실하게 정보를 수집한 다른 연구자들의 공을 융합 연구가 빼앗는다고 불평하는 사람들도 있다. 융합 연구가 미세한 부분을 무시할 것이고 결국 대중은 잘못된 정보를 얻게 될 것이라는 예측도 제기된다. 그러나 융합 연구가 탄생하려면 정밀한 조사와 값진 노력이 필요하다. 새로운 융합 연구 결과가 나오기까지 수십 년에 걸친 조사와 재평가가 이루어져야 한다.

역설적이게도 한 분야에 대한 외부의 인식 내용은 해당 분야 종사자를 화나게 하기도 한다. 융합 연구를 지속시키기 위한 지원 또한 종종 체계 없이 이루어진다. 이곳이 바로 원심력이 구심력과 맞닥뜨리는 가장 명확한 지점이다. 이 문제는 긍정적일 수도, 부정적일 수도 있다. 융합 연구에 시간을 쏟는 것, 혹은 쏟지 않는 것이 과연 가치 있는 일일까? 융합 연구 없이도 각 분야는 여전히 인상적인 진보를 이룰 것이고 새로운 통찰 역시 생산될 것이다. 그러나 외부의 평가는 제대로 이루어지지 않을 것이며 내부적으로는 좌절감이 쌓일 것이다. 바로 이 좌절감이 과학자들이 각자의 연구 성과를 다른 이들과 나누면서 협력하게 만드는 구심력이 될 수 있다. 이러한 나눔의 두드러진 기제가 바로 융합 연구이며, 융합 연구가 쉬워질수록 학제간 연구 또한 수월해질 것이다.

이 과정이 가속화되거나 힘을 얻을 수 있을까? 나는 그럴 수 있다고 생각한다. 융합 연구와 의사소통을 방해하는 원심력의 존재를 인식하는 것은 원심력에 반대하는 특정한 기제로 이어질 수 있다. 예를 들어 지원금을 두고 기존의 연구와 경쟁하지 않도록 융합 연구를 위한 특별 지원금을 마련할 수도 있다.

근본적으로 둘 이상의 분야에 걸치는 과학의 다양성은 눈에 보이는 현상의 의미를 알고 싶은 욕망 속에 존재한다. 또한 대부분의 학자들은 그 해답이 특정한 학문이나 도구, 혹은 방법론에 구애되지 않는다는 사실을 이미 알고 있다. 과학의 분화는 그저 인간의 구상일 뿐이며 자연세계의 힘은 그것을 월등히 뛰어넘는다는 사실을 말이다.

●
개빈 슈미트 Gavin Schmidt
●

뉴욕에 위치한 나사의 고다드우주연구소에서 일하는 기상학자로 과거와 현재, 미래의 기후모형을 연구하고 있다. 1989년에 옥스포드대학교 수학과를 졸업하고, 1994년 런던컬리지대학에서 응용수학으로 박사학위를 받았다. 1996년까지 캐나다에 위치한 맥길대학교McGill University에서 박사후 과정을 밟으면서 해양대기청에서 주는 특별장학금을 수상했다. 2004년에 '미국을 이끄는 50인의 과학자'에 선정되었고, 2007년에는 노벨상을 수상한 정부간기후변화위원회 IPCC의 논문 집필에 참여했다.

기억을 디자인하다

샘 쿡_MIT 박사후 과정 연구원

기억의 치명적 중요성

21세기를 지나는 동안 내면적 인간 경험의 질에 중대한 변화가 있을 것 같다. 기억이 어떻게 형성되고 저장되며 재생되는지 알게 되면, 인간은 자신의 이야기를 창조하기 위해 기억을 조종할 수 있을 것이다. 인간의 과거, 혹은 적어도 과거에 대한 인간의 회상이 선택의 문제가 된다.

이미 누트로픽nootropics이라 불리는 '스마트드러그smart drug'(머리를 좋게 하는 약─옮긴이)가 출시되었다. 이 약은 학습 속도와 인간의 기억 능력을 향상시킨다. 간직하고 싶은 기억과 버리고 싶은 기억을 선택할 수 있는 기술 또한 발달할 수 있다. 가까운 미래에 인간은 배우거나 실제로 경험하지 않고도 기억을 창조해낼 수 있을지도 모른다. 이러한 기술이 사회에 전면적으로 등장할 때 나타날 수 있는 잠재적인 윤리적 결과는 어떤 것들일까?

　인간이 지닌 모든 특성 가운데, 한 개인으로서 인간을 가장 잘 정의해주는 것이 바로 기억이다. 예를 들어 일란성 쌍둥이는 똑같은 유전자를 지니고 있으며, 쉽게 구별할 수 없을 정도로 닮았다. 그러나 그들의 기억은 각자에게 유일하다. 또한 인간은 기억 덕분에 세계에서 제대로 기능한다. 장밋빛으로 덧입혀진 젊은 날에 대한 회상뿐 아니라 옳고 그름에 대한 이해를 제공함으로써 말이다. 기억은 걷고 말하고 신발끈을 맬 수 있게 해준다. 말하자면 기억은 우리를 둘러싼 환경을 헤쳐나가기 위해 사용하는 지도다. 기억 덕분에 인간은 친구와 적, 가족과 낯선 사람, 허구와 사실을 구별할 수 있다. 기억이 없다면 인간은 단지 당황하고 길을 잃는 데서 끝나지 않는다. 스스로의 생각 속에서 존재하지조차 않게 된다.

누트로픽스와 기억향상

나이가 들어감에 따라 기억은 퇴보한다. 우리 시대는 분명 고령화에 따른 기억 약화의 문제와 싸우고 있다. 특히 선진국의 평균 나이는 기대수명의 증가와 출생률의 감소로 극적으로 상승하고 있다. 2003년 2월에 발표된 미美 질병관리센터의 보고서 〈공중 위생과 노화〉에 따르면, 전 세계적으로 65세 이상의 인구수가 2000년에서 2030년 사이에 4억 2000만 명에서 9억7300만 명으로 두 배 이상 증가할 수 있는 반면, 세계 전체 인구는 상당히 낮은 비율로 증가할 것이다.

　치매는 수많은 노인들을 괴롭히는 질병이다. 미국에서 65세 이상 노인의 10퍼센트가 알츠하이머병에 시달리며, 환자의 정신적 퇴보가 사회에 부과하는 경제적 짐은 대단히 무겁다. 인구가 증가함에 따라 이러한 현상은 더욱 심해질 것이다. 최근 다수의 신경과학적 연구의 목표는 연령과 관련한 기억 장애에 대한 치료법을 밝혀내는 것이다.

치매 치료를 위한 약물은 두 그룹으로 나뉜다. 하나는 장애의 결과로 생긴 손실을 직접적으로 공략하는 약이고, 다른 하나는 기억 과정과는 무관한 다른 부분들을 강화함으로써 손실을 감추는 약이다. 누트로픽스로 알려진 두 번째 그룹에 속하는 약들은 치매를 앓지 않는 사람의 기억 또한 강화할 수 있다.

기억 장애에 대한 직접적인 치료는 커다란 의학적 가치를 지닌다. 반면, 누트로픽스에 대한 연구는 훨씬 더 큰 시장성 때문에 제약회사의 특별한 관심을 끄는 영역이다. 피라세탐piracetam은 이러한 물질 가운데 누트로픽스라는 이름으로 처음으로 판매된 상품이다. 정확한 효과와 작용 메커니즘은 밝혀지지 않았지만, 어쨌든 피라세탐은 큰 인기를 끌었다. 이 약의 잠재적 사용자는 기말고사를 준비하는 학생에서부터 경쟁에서 앞서려는 전문직 종사자에 이르기까지 다양하다. 그들 모두 기억과 인지능력을 강화하고 싶어한다.

누트로픽스는 다시 두 가지 종류로 세분된다. 첫째, 정보의 저장 및 학습 과정과 직접적으로 상호작용하는 약과 둘째, 학습과 기억을 촉진하는 두뇌의 중요한 특징을 강화하거나 흉내내는 약이 그것이다. 두 번째 타입에 속하는 약들은 사실 오래 전부터 우리 곁에 있어왔다. 니코틴, 카페인, 글루코스, 암페타민, 코카인 등이 그 예다. 이것들은 명백한 누트로픽스다. 몇몇 약들은 다른 정신 장애의 치료를 위해 광범위하게 쓰이다가 우연히 누트로픽스로 밝혀졌다. 간질병의 기면 발작에 대한 치료제인 모다피닐modafinil과 주의력결핍 과잉행동장애ADHD 치료를 위한 약인 리탈린Ritalin이 그 예다. 지금 이 약들은 둘 중 어느 병도 앓고 있진 않지만 좀더 강화된 인지 능력을 원하는 개인들이 주로 소비한다.

그러나 제약회사에게 엄청난 이익을 가져다 줄 수 있는 약은 학습의 분자 처리과정을 직접적으로 활용하는 물질이다. 사람들은 그 물질이 잠을 줄이거나 주의력을 강화하는 물질보다 부작용이 훨씬 적기를 바란다.

정보를 처리하는 빠른 속도와 즉각적으로 새로운 정보를 통합하기 위해 변화하는 능력 덕분에 뇌는 자연계의 가장 큰 경이로움 가운데 하나가 되었다. 뉴런을 따라 자극을 보내는 전기와 신경전달물질을 결합해 사용함으로써 뇌의 처리 속도는 달성된다.

뉴런 사이의 의사소통을 바꾸는 데에는 몇 가지 방법이 있다. 전기적 사건에 의해 방출되는 신경전달물질 분자의 수가 변할 수도 있고, 수용기 분자들의 수나 효율이 바뀔 수도 있다. 게다가 시냅스의 모양이나 수의 변화는 시냅스 전달에 장기적인 영향을 준다. 이러한 수정을 통틀어 시냅스 가소성synaptic plasticity이라고 한다. 신경과학자들은 기억이 시냅스 가소성을 통해 형성된다고 믿고 있다. 제약회사들 역시 이 과정에 관심이 많다. 누트로픽스의 잠재적 구매층을 제공하기 때문이다. 지금까지 시냅스 가소성을 직접적으로 강화해주는 약은 시중에 나오지 않았다. 하지만 출시는 시간 문제다. 안전하고 효과적이라고 판명되기만 한다면 그 약은 의심할 여지 없이 전세계적으로 엄청난 판매고를 올릴 것이다.

선택적 기억상실

외상후 스트레스장애(PTSD)는 알츠하이머병과는 정반대의 기억 상태다. 여기서 뇌는 기억을 너무나 잘 저장한다. 깊은 충격을 준 불쾌한 사건의 경험을 계속해서 머릿속에서 재생시켜 결국 환자를 두려움에 빠뜨리고 무능력하게 만들면서 말이다. 이것은 강간의 희생자나 전쟁에서 돌아온 병사들에게 주로 발생하는 현상으로, 최근 의학 연구의 주요 대상 가운데 하나다. PTSD의 효과적인 치료법은 두려움의 원인을 지워버리고 대신 인간 경험을 구성하는 소중한 기억은 살려두는 것이다. 그러나 어떻게 다른 기억에는 영향을 주지 않으면서 선택적으로 특정 기억을 지워버릴 수 있을까? 모든 기억이 저장을 위해 똑같은 생물학적 메커니즘에 의존한다는 사실을 고려할 때 우리는 이런 의문을 품을 수밖에 없다.

오래 전부터 건망증을 유발하는 약재가 있다고 알려져 왔다. 학습 도중이나 학습이 끝난 후 빠른 시간 안에 복용했을 때 장기기억이 형성되지 않도록 방해하는 물질이 그것이다. 대부분의 사람은 술을 많이 마신 후 기억을 잃어버린 경험이 있을 것이다. 대마초를 복용하는 사람들 역시 대마초가 기억 능력에 부정적인 영향을 끼친다는 사실을 알고 있다. 그러나 이러한 완화제들은 PTSD의 치료에는 적합하지 않다. 그러한 장애는 주로 예상치 못한 사건을 통해 발생하며 따라서 미리 준비하는 것이

거의 불가능하기 때문이다. 필요한 것은 기억강화 memory consolidation 과정에 영향을 끼칠 수 있는 약을 이용한 치료다. 기억강화는 학습 후 제한된 기간 동안에만 일어난다. 초반의 불안정한 상태에서 후에 영속적인 상태로, 기억의 중요한 전달이 이루어지는 기간 동안에 말이다. 강화 기간 동안 핵심적인 생물학적 사건이 일어나 기억을 평생 간직하게 된다.

여기서 한 가지 중요한 요소가 새로운 단백질의 합성인 것 같다. 거의 50년 동안 항생제는 건망증을 유발한다고 알려졌다. 항생제는 새로운 단백질의 형성을 방해함으로써 박테리아를 죽인다. 적은 양의 항생제를 다양한 동물에게 투여했을 때 건망증 증세가 나타났다. 이것은 인간의 기억이 새로운 단백질에서 형성된다는 주장에 대한 첫 번째 과학적 증거다. 일시적 변화는 지금 있는 단백질이 변경되면서 생긴다. 그러나 영속적인 변화를 위해서는 새로운 단백질로 대체되어야 한다. 그러나 PTSD를 치료하기 위해 단백질합성 저해제를 사용하는 것은 실행 가능한 접근이 아니다. 분열에서 회복까지 거의 모든 주요한 세포 기능이 단백질합성에 의존하기 때문에 저해제를 투약한다면 심각한 부작용을 낳을 것이기 때문이다.

대안이 될 수 있는 접근은 감정적 스트레스 반응을 조정하는 뇌 시스템을 공략하는 것이다. 여기에 관련된 물질에는 아드레날린 adrenalin과, 그것과 매우 긴밀한 관계에 있는 노르아드레날린 noradrenalin이 포함된다. 노르아드레날린은 스트레스를 유발하는 경험을 할 때 많은 양이 분비되는 주요 신경전달물질이다. 강화기간 동안 베타차단제 beta-blocker(심장 장애와 무대 공포증을 치료하기 위해 이미 처방되고 있는 약재다.)를 사용해 노르아드레날린과 결합하는 수용기를 막으면 감정적 기억의 장기 저장이 방해를 받는다는 사실이 밝혀졌다. 과학자들은 광범위한 임상실험을 통해 베타저해제를 활성화하는 재료인 프로프라놀롤propranolol이 PTSD치료제로 적합한지 여부를 확인 중이다. 그러나 이러한 접근법에는 한계가 있다. 프로프라놀롤은 스트레스를 경험하고 약 한 시간 안에 복용해야 한다. 전투에 참가 중인 병사의 경우, 사건 직후 약을 복용하는 것이 가능하다. 반면 강간이나 자동차 사고와 같이 좀더 예상하기 힘든 사건의 경우에는 이러한 치료법을 즉각 활용하기 힘들다.

그러나 감정적 기억에 대한 최근의 연구는 이 문제와 관련한 한 가지 방법을 제시한다. 어떤 형태의 기억은 불안정한 상태에서 안정된 상태로 나아가는 단일 방향의 스케줄을 따르지 않는다. 사실 어떤 감정적 기억은 기억재강화reconsolidation라고 불리는 현상에 의해 상기될 때마다 프로프라놀롤이나 단백질합성 저해제를 이용해 지워지기 쉬운 시기로 다시 들어간다. 따라서 약해진 기억은 언제든 치료받을 수 있다. 프로프라놀롤을 복용하기 전에 환자가 사건을 재강화 상태로 만들기 위해 다시 떠올리기만 하면 말이다. 만약 이런 종류의 치료제가 사용된다면, PTSD는 물론 공포증이나 강박장애와 같은 다른 기억 관련 장애에까지 광범위하게 적용될 수 있을 것이다. 이런 형태의 '회상 요법recall theraphy'은 장애가 없는 사람들의 관심을 끌 수도 있다.

기억 삭제 기술 또한 사회적으로 큰 함의를 지니게 될 것이다. 영화 〈이터널 선샤인eternal Sunshine Of The Spotless Mind〉은 바로 이 문제에 대해 탐구한다. 영화 속에서, 사람들은 실패한 사랑의 기억을 지워버림으써 세상에 대한 이상적인 관점을 유지할 수 있다. 미래에 우리는 사랑하던 사람에 관한 흔적을 마음에서 지워버리게 될까?

먼로 실험, 경험하지 않은 일을 기억하다

기억을 연구하는 과학이 넘어야 할 가장 높은 문턱은, 실제로 일어난 적 없는 사건에 대한 기억을 창조해내는 것이다. 이것을 '마릴린 먼로 실험Marilyn Monroe experiment'이라고 부른다. 이런 이름이 붙은 이유는, 만약 기회만 주어진다면 과학계의 수많은 원로 학자들이 20세기 최고의 섹스 심벌인 마릴린 먼로와 밤을 보낸 기억을 만들어내고 싶어할 것이기 때문이다. 다소 경박하게 들리는 명칭에도 불구하고, 실험이 성공한다면 이는 엄청난 과학적 성취가 될 것이다. 인간이 기억의 생물학적 근거를 이해하고 있다는 가장 명확한 증거가 되기 때문이다.

시냅스 가소성에 관련된 분자들이 기억에도 역시 관련된다는 사실을 우리는 알고 있다. 또한 시냅스 전달의 효율 변화는 종종 새로운 기억 형성과 동반된다는 사실 또한 밝혀졌다. 그러나 이 발견은 결국 부수적인 증거에 불과하다. 현상 간의 관련성은 보여주지만, 인과관계를 증명하지는 않기 때문이다. 시냅스 가소성과 기억의 형성과 저장 사이의 인과관계를 확실하게 증명하기 위해서는, 학습이 일어나고 기억이 저장되는 데 시냅스 가소성이 필수적이라는 사실을 입증해야 한다. 이를 위해 과학자들은 인간 생리학의 다른 어떤 측면과도 타협하지 않고, 오직 시냅스 가소성만을 선택적으로 불능으로 만든 후 기억 손실을 관찰해야 한다.

그러나 인과관계를 입증한다 해도 시냅스 가소성만으로 '충분한지'는 여전히 문제로 남는다. 즉 '시냅스 가소성이 기억의 학습과 저장에 관련한 유일한 과정이냐'는 의문에 답해야 한다.

기억의 디자인

인간은 이용할 수 있는 모든 지식과 기술을 갖가지 목적을 위해 사용해왔다. 수많은 과학적 발견이 처음에는 자연에 대한 이해를 확장시켰지만 얼마 안 가 부정적인 목적을 위해 사용되었다. 핵분열의 발견과 원자폭탄의 발달, 프란시스 갤튼Francis Galton의 우생학 이론, 그리고 2차대전 중에 자행된 조세프 멩겔스Josef Mengels의 생체실험이 그 증거다.

생활양식 향상lifestyle enhancement의 영역에서도 이같은 양상은 뚜렷하다. 성형수술, 비아그라Viagra, 단백동화 스테로이드 등이 그 예다. 성형수술은 원래 심각한 화상 환자를 치료하기 위한 자선적인 의도로 발전한 것이었다. 비아그라는 협심증 치료제로 개발된 것이었고, 단백동화 스테로이드 역시 처음에는 부상당한 근육의 재건과 성장장애 치료를 위해 사용되었다. 지금은 세 가지 모두 경제적 이득을 위해 다른 용도로 사용되고 있다.

처음에는 알츠하이머병과, 다른 기억상실 증상들을 치료하기 위해 개발된 누트로픽스는 젊고 건강한 사람들의 기억을 강화시키면서 확실히 더욱 폭넓게 활용되고 있다. 기억 삭제 기술은 일반 대중을 위해 현실화될 것이다. 인공 기억은 여전히 공상과학 소설에서나 다룰 만한 소재지만 언젠가 실제로 우리 곁에 다가올 수 있다. 그렇게 되면 만들어진 기억의 추악한 면 또한 부상할 것이다. 누트로픽스의 만성적인 복용으로 인간은 좀더 똑똑해질지 모르지만, 선택적으로 기억을 재창조함으로써 원하지 않는 부분을 삭제한 가공의 내면 생활을 창조할지도 모른다.

누트로픽스와 기억 재건 기술이 과연 인간에게 유익할 것인지는 시간이 흘러야만 알 수 있을 것이지만, 과거의 경험이 말해주는 것은 명확하다. 늘 그래왔듯이 인간은 그러한 기술을 사용할 것이며, 또한 오용하게 될 것이다. 우리는 이미 누트로픽스와 〈이터널 선샤인〉, 그리고 마릴린 먼로 실험의 '똑똑한' 신세계를 향한 긴 여행을 시작했다. 그것을 좋아하든 싫어하든 상관없이.

●
샘 쿡Sam Cooke
●

그는 다음 두 가지 질문에 답하기 위해 연구하는 신경과학자다. '새로운 것을 학습하면서 인간의 두뇌는 어떻게 변화하는가?', '평생의 기억들을 저장하면서 뇌는 어떻게 계속 변해가는가?' 영국 쉐필드대학교University of Sheffield에서 철학과 실험심리학을 공부하고, 2002년에 컬리지런던대학에서 〈운동기억 제작〉이라는 제목의 논문으로 박사학위를 받았다. 이 기간 동안 그는 연관학습을 통한 간단한 운동 기술 획득의 기저에 놓인 몇몇 신경 메커니즘을 명료화할 수 있었다. 쿡은 현재 MIT에서 박사후 과정 연구원으로 일하며 '기억의 생물학'에 관한 탐사를 계속하고 있다.

13
진화의 한계를 뛰어넘는 법

닉 보스트롬_옥스포드대학교 인류미래연구소장

자연의 지혜

의학은 어려운 분야다. 최선을 다해 노력해도 종종 실패하기 때문이다. 의학의 목적은 고장난 대상을 고치는 것이다. 반면 '인간능력 향상Human Enhancement'의 목적은 고장나지 않은 시스템을 가져다 더 좋은 것으로 만드는 것이다. 말하자면 의학보다 더욱 야심 찬 시도다.

진화된 복합체인 인간은 매우 놀라운 존재다. 그러나 생물학의 발달에도 불구하고 인간이라는 복합체에 대해 알려진 사실은 일부에 불과하다. 대체로 인간 능력의 인위적 향상에 반대하는 진영의 사람들은 자연스러운 섭리에 따르는 것이야말로 가장 지혜로운 일이라고 믿는다. 그리고 인간의 본성에 인위적으로 개입하는 것이 과연 현명한 일인지 회의적인 시선으로 바라본다. 사람들은 직관적으로 '자연스러운' 것이 인위적인 장치보다 우월하며, 인간의 교만이 수많은 문제를 불러일으킨다는 사실을 잘 알고 있다.

반면 인간능력 향상의 열광적 지지자들은 생물의학적 개입이 약속하는 인식력의 개선과 정서적 행복의 증대, 노화 방지에 대해 낙관적이다. 이들은 자연스러운 것을 고집하는 사람들을 미신을 신봉하는 무리로 치부해버리거나, 아예 그들과의 대화 자체를 포기해버리기도 한다.

하지만 그러지는 말자. 자연에는 분명 고유한 지혜가 존재한다. 그 사실을 인정하고 자연의 지혜의 범위와 한계를 더 잘 이해하고 나면, 인간능력 향상의 종류를 알아낼 수 있는 실제적인 발견법heuristic을 계발할 수 있을 것이다. 이 학습법은 일반적인 의학 연구를 대체하는 것은 아니지만, 인간의 개입과 관련한 잠재적 부작용과 한계를 알려준다.

위대한 엔지니어로 진화하다

진화는 대단히 기술 좋은 엔지니어로 비유할 수 있다. 진화는 지금껏 고안된 어떤 기계보다 훨씬 더 복잡한 유기체인 인간을 낳았다. 그러나 인간 유기체, 그 가운데 특히 뇌에 관한 우리의 이해는 너무나 불충분하다. 인간능력 향상에 대한 낙관적인 태도는 결국 인간에게 진화를 능가하는 능력이 있다고 믿는 것이다. 하지만 현재의 기술력과 과학 지식을 고려할 때 낙관주의를 고수하는 것은 망설여진다. 나는 이 주저함을 끝까지 붙들어야 할 질문으로 삼겠다. 이것은 인간능력 향상을 위한 어떤 개입에 관해서든 반드시 던져야 할 질문이다. 이제부터 이 질문을 '진화최적합성 도전evolutionary optimality challenge'이라고 부르기로 하자.

여기서 매우 중요한 의문이 떠오를 것이다. 만약 제안된 개입이 인간

능력을 향상시킨다면 왜 인간은 애초에 그렇게 진화되지 않았을까? 이에 대해 세 가지 가능한 답의 범주가 있다.

- 변화된 교환changed trade-off
- 가치 불일치value discordance
- 진화적 제약evolutionary restriction

세 가지 범주 가운데 어느 것으로든 '왜 바라던 향상이 일어나지 않았는가?' 를 설명할 수 있다면 그 개입은 유망하다고 간주된다. 반대로 답이 발견되지 않은 제안은 실패하기 쉽다. 혹은 효과가 전혀 없거나 심각한 부작용을 일으킬 수 있다(부작용은 눈에 띄지 않을 만큼 약할 수도 있고 여러 해가 지나서야 비로소 나타날 수도 있다).

변화된 교환

인간 유기체는 특정한 환경, 예컨대 아프리카 대륙의 사바나에서 수렵, 채집 생활을 하도록 진화되었다. 현대 사회에서 인간은 그때와는 아주 다른 환경에서 기능해야 한다. 게다가 현대사회의 여러 조건은 인류가 완전히 적응하기에는 너무나 짧은 시간에 갑자기 발생했다. 그렇기 때문에 진화가 가져온 교환은 이미 최적의 것이 아니다. 인간의 기술적 재능은 본래의 설계를 창조한 진화 과정에는 훨씬 못 미치지만, 다행히도 새로운 환경에 더 잘 적응할 수 있도록 인간 유기체를 약간 조정할 수는 있다.

현대 생활의 가장 놀라운 점은, 대부분의 개발국가에서 계절에 상관 없이 풍족한 식량을 구할 수 있다는 사실이다. 과거 자연 상태에서는 식량을 구하기란 결코 쉽지 않았다. 따라서 에너지 보존은 인간에게 가장 중요한 과제였다. 예를 들어 인간의 뇌는 체용적의 2퍼센트에 불과하지만 전체 에너지의 20퍼센트를 소비한다(신생아의 경우, 뇌의 신진대사가 전체 신진대사의 무려 60퍼센트를 차지한다). 그리고 뇌와 심장, 소화기관, 신장과 간이 기초 신진대사의 70퍼센트를 소비한다. 따라서 진화는 이 기관들과 관련 없는 일에 소비되는 교환을 어렵게 할 수밖에 없었다.

　이번에는 더 많은 지적 에너지의 제공을 약속하는 향상에 대해 생각해보자. '만약 더 많은 지적 에너지를 갖는 것이 그토록 바람직한 일이라면, 인간은 애초에 자연적으로 더 높은 수준의 지적 에너지를 갖추고 있어야 하는 게 아닐까?' 이에 대한 그럴 듯한 답은 '더 많은 지적 에너지는 그 자체로는 유익하겠지만, 신진대사 소비의 증가라는 대가를 지불할 때에야 가능할 것이다'와 같은 변화된 진화적 교환에 대해 언급할 것이다(뇌는 지속적으로 활동할 때 더 많은 에너지를 사용한다).

　오늘날 인간은 더 이상 칼로리 보존에 신경쓰지 않으며 오히려 그 반대다. 따라서 만약 더 많은 지적 에너지를 발생시키면서 동시에 더 많은 칼로리를 태울 수 있는 자극제를 발견한다면 이는 훌륭한 거래가 된다.

　커진 머리 크기와 길어진 성숙기라는 대가를 치르고 유전자적으로 지능을 높이는 설계를 하는 것도 가능할지 모른다. 지능을 높일 수 있다는 가능성에도 불구하고 이러한 특성이 진화되지 않은 이유는 뭘까?

수렵채집인에게 더 높은 인식능력은 분명 유리한 조건이었을 테지만 큰 머리와 긴 미성숙 기간 때문에 발생하는 부담을 감수할 만큼은 아니었다. 편리해진 출산과 제왕절개술, 안전한 환경과 같은 새로운 수단 덕분에 그러한 부담은 오늘날 훨씬 덜 중요해졌다. 또 하나의 가능한 향상은 세포의 DNA보수 활동repaire activity을 증가시키는 것이다. 이것은 암과, 노화 때문에 발생하는 퇴화를 방지할 수 있다. 그에 대한 대가가 필요한 칼로리의 섭취를 늘리는 것이라면 그것은 지불할 만한 가치가 있다.

시대마다 달라지는 요구 또한 향상의 가능성을 시사한다. 예를 들어 집중력을 개선하는 약을 발견할 수도 있다. 집중력은 분명 유용한 능력인데 왜 아직까지 그런 약이 발명되지 않은 걸까? 그러한 약에도 역시 일장일단이 있을 것이다. 어쩌면 극도의 집중력은 뇌의 신진대사를 증가시키거나 주변에 대한 지각능력을 저하시킬 수도 있다. 주변 환경에 대한 지각은 수렵채집인에게는 중요했을지 모르지만(당신 등 뒤로 사자가 살금살금 다가오고 있어요!) 현대인에게는 교과서나 컴퓨터 단말기, 혹은 대화 상대자에게 지속적으로 집중하는 일이 더 중요하다. 일부 사람들은 니코틴이나 리타린Ritalin과 같이 집중력 향상을 돕는 약물의 덕을 이미 보고 있다. 이러한 약은 진화최적합성 도전을 받고 있다.

가치 불일치

진화최적합성 도전에 대한 답의 두 번째 범주는 인간이 적용하기 원하는 기준과 진화를 지배하는 기준 사이의 불일치에 있다. 진화는 포괄적응도inclusive fitness(개인의 적응도에 유전적 연관성genetic relatedness으로 가중치가 붙은 사회적 동료의 적응도를 합한 것)를 선택하는 반면, 인간은 자손의 출산보다 다른 것을 더 중요하게 여겨 복지와 성취, 지식, 의미 있는 관계, 도덕적 우월성과 같은 가치를 최대화하는 데 관심을 기울인다.

목적의 불일치는 유망한 향상의 좋은 원천이다. 인간의 공학적 재능이 진화를 능가한다고 생각하지 않고서도 진화최적합성 도전에 대응할수 있기 때문이다. 좋은 차는 고사하고 평범한 수준의 차도 설계하지못하는 기술자도 최신식 BMW를 조잡한 빗물수집 장치로 변환할 수는있다. 만약 우리가 빗물수집 장치를 자동차보다 더 가치 있는 것으로여긴다면 이 변환 역시 향상이라고 볼 수 있다. 같은 논리로, 생존-번식 장치로서의 인간 유기체를 개량하지는 못할지라도 어떤 괴상한 목적을 실현하기 위해 인간 유기체를 부분적으로 수정할 수 있다.

향상하려는 특성이 포괄적응도를 증진한다고 해도 인간은 때때로 진화최적합성 도전에 대응하기 위해 가치 불일치에 호소할 수 있다. 혹은그 특성이 적응도에 부정적인 다른 특성과 본질적으로 짝을 이루고 있을수도 있다. 진화는 이 두 가지 특성 사이에서 한 가지 가치 교환을 실현할것이다. 그러나 만약 인간의 우선순위가 진화의 우선순위와 다르다면 그것은 다른 가치 교환을 실현할 이유가 된다. 예를 들어 약간의 명청함이라는 값을 치르고 비상하게 높은 지적 창의성을 얻을 수 있다고 가정해보자. 다른 조건이 같을 때 굳이 명청해지고 싶은 사람은 없겠지만, 만약 명청함이라는 대가를 치르고 대단히 높은 수준의 지적 창의성을 얻을 수 있다면 우리는 명청해지는 편을 택할 것이다.

진화의 제약

진화최적합성 도전에 대한 답의 마지막 범주는 나머지 두 개보다 이론적으로 더 복잡하다. 진화최적화에는 다음의 세 가지 제한이 따른다.

- 기본적인 무능력: 진화는 기본적으로 특정한 특성을 산출할 수 없다.
- 함정: 진화는 특성을 배제한 '국소 최적 조건local optimum'에 빠져 있다.
- 진화 시차evolutionary lag: 특성의 진화는 너무나 많은 세대에 걸쳐 일어나기 때문에 아직도 온전히 발달해 전 인류에 퍼지지 못했다.

먼저 기본적 무능력에 대해 생각해보자. 생물학으로 만들어낼 수 있는 물질은 제한적이다. 예를 들어 지구상의 어떤 유기체도 생물학적으로 다이아몬드나 커다란 금속 물체를 만들어낼 수 없다. 따라서 진화를 통해 다이아몬드 치아 에나멜이나 티타늄 골격을 만들 수는 없다. 만약 기술적으로 가능해진다면 이것들은 진화최적합성 도전에 쉽게 응할 수 있을 것이다.

둘째, 국소 최적 조건의 함정은 설혹 자연도태라는 큰 변화가 그것을 개량할 수 있을지라도, 작은 변화 하나가 해결책을 더욱 악화시킬 수 있는 근시안적인 탐색 과정이기 때문에 발생한다. 충수appendix의 예를 들어보자. 충수란 초식 영장류 조상에게서 발견되는 훨씬 큰 맹장의 흔적이다. 충수는 제한적인 면역학적 기능을 지니고 있을지 모르지만 쉽게 감염된다. 자연 상태에서 충수염은 생명을 위협하는 병이며 특히 젊은 충에게 발병률이 높다. 충수를 버렸다면 초기 인간 환경에서 적응도를 높일 수 있었을 테지만 작은 충수는 충수염의 위험을 높인다. 작은 충수를 선호하게 하는 유전자를 지닌 사람은 그렇지 않은 사람보다 충수염에 걸릴 확률이 높고 따라서 낮은 적응도를 지닌다고 추정할 수 있다. 진화가 충수를 한번에 없애는 방법을 발견하지 않는 한 충수를 제거하는 일은 불가능하다. 따라서 충수는 인체에 남아있게 된다. 충수를 안전하고 편리하게 제거할 수 있다면 적응도와 삶의 질을 높이는 개량이 될지 모른다.

마지막으로 진화최적화 능력의 마지막 제한사항인 진화 시차의 문제를 살펴보자. 진화 적응에는 아주 오랜 시간이 걸리며, 조건이 급격히 변화하면 게놈은 적응하지 못하고 뒤쳐진다. 사실 지금까지 인류가 환경에 완벽하게 적응한 적은 한 번도 없었다. 진화는 적응도라는 언덕을 오르는 일인데, 적응도의 환경이 항상 변하기 때문에 진화가 정상에 오르는 일은 결코 없을지도 모른다. 또한 유일한 대립유전자나 대립유전자 조합이 존재한다고 하더라도 인류 전체에 퍼져나갈 시간이 충분하지 않을 수도 있다.

만약 아직 인류 전체에 퍼져나가지 않은 최근에 진화한 좋은 유전자를 발견한다면, 그것을 게놈에 삽입하거나 그 효과를 모방하는 일이 진화최적합성 도전을 받기 쉽다. 간단한 예가 유당내성lactose tolerance이다. 지난 5천 년에서 1만 년 동안 낙농제품이 유당선택을 자극했는데, 이는 인류 전체에 퍼지기에는 너무나 짧은 시간이다. 그러나 유당 알약을 먹으면 유당내성이 있는 사람도 유당을 소화할 수 있기 때문에 즐길 수 있는 음식의 폭이 넓어진다. 이 향상은 진화최적합성 도전에 분명 성공적으로 응하고 있다.

도덕적 과제를 대하는 태도

결론은 진화의 단점을 기회로 만들어야 한다는 것이다. 인간 유기체를 완전히 이해하거나 혹은 인간과 동일한 복잡성과 기능을 가진 인공적인 시스템을 만들 수 있게 되면, 우리는 더 이상 진화 발견법과 '자연의 지혜'에 의지하지 않아도 될 것이다. 미래에 인간은 새로운 기관과 신체를 설계할 수도 있다.

만약 대부분의 실질적 제한에서 해방된다면, 다음 과제는 개인의 능력을 현명하게 사용해 각자의 외양과 성격을 고치는 일이 될 것이다. 다시 말해 우리 앞에 놓인 도전이 기본적으로 과학적인 것에서 도덕적인 것으로 바뀌게 된다. 만약 감당해야 할 도덕적 과제가 만만하게 느껴진다면 그것이야말로 인간의 미성숙함을 반영하는 것이 아닐까?

●
닉 보스트롬Nick Bostrom
●
철학자이며 옥스퍼드대학교Oxford University 인류미래연구소장이다. 옥스퍼드대학교에 부임하기 전에는 예일대학교에서 철학을 가르쳤다. 2000년, 런던정경대학교the London School of Economics에서 철학박사 학위를 받았다. 주로 물리학과 컴퓨터 뇌과학, 수리논리학을 공부한 그의 연구 주제는 개연성 이론의 기초, 전지구적 재해 위기, 인간능력 향상의 윤리, 미래 기술의 영향 등이다. 인간능력향상에 관한 보스트롬의 논문은 16개 언어로 번역되었다. 유럽위원회, 미국 CIA 등 여러 기관에서 컨설턴트로 일했다.

Part **4**

자연세계의 퍼즐을 맞추다
우주 속 지구, 그 안의 인간

14
바이러스와 외계 생명체

나단 울프_스탠포드대학교 인간생물학과 방문교수

낯설고 기이한 이웃

편안한 소파에 앉아 여유를 즐기는 당신의 모습을 상상해보라. 한 손엔 커피 잔을 들고, 무릎 위엔 책 한 권이 놓여 있으며, 옆방에서는 아이들이 뛰노는 소리가 들린다. 모든 것이 늘 그래왔던 것처럼 평온하다. 하지만 아주 희미하게나마 당신은 혼자가 아니라는 사실을 이미 느끼고 있을지도 모른다.

그리곤 갑자기 비밀이 드러난다. 전에는 보이지 않던 생명체가 집안 구석구석 들끓고 있다. 눈에 띄지 않을 정도로 아주 작지만 분명 살아 있는, 하지만 세포도, 효소도, 대부분의 신체기관과 조직도 지니지 않은 이 외계 생물체는 지구상 어디에나 존재한다. 그들은 주변의 모든 생명체와 말 그대로 하나가 되어버린 것처럼 밀착되어 있다. 인간 세계를 침략해 승리한 그들은 바로 바이러스다!

인간은 외계 생명체를 늘 두려워 했지만 외계 생명체는 태양계에 대한 호기심을 불러일으킨다.

그러나 외계 생명체를 찾으려는 인간의 노력에는 이상한 점이 있다. 멀리 떨어진 우주에는 관심을 쏟지만 정작 가장 중요한 행성은 무시하기 때문이다. 생명체가 이미 존재하고 따라서 미지의 생명체가 자라고 있을 가능성이 가장 큰 행성은 바로 우리가 살고 있는 지구다.

지구상에는 이미 다양한 생물체가 자라고 있다. 그에 더해 독특한 형태의 또다른 생명체가 존재할지도 모른다. 1997년, 노벨상 수상을 계기로 세상에 알려진 프리온prion이 그것이다. 프리온은 세포뿐 아니라 DNA와 RNA 역시 부족한 이상한 형태의 생명체다. DNA와 RNA는 지구상에 존재하는 모든 생명체가 청사진으로 사용하는 유전적 물질이다. 프리온은 자기복제를 하면서 많은 물질을 만들어내는데, 그 가운데 하나가 바로 광우병이다.

지구에는 바이러스 또한 자라고 있다. 바이러스는 단백질에 둘러싸인 순수 유전 물질로, 숙주 세포에 기생하며 자라지도 번식하지도 않는다. 바이러스에 대한 대부분의 글들과 달리, 나는 바이러스의 해악에 초점을 맞추지 않을 것이다. 그보다는 지구상에 존재하는 바이러스의 다양성과 생태학적 중요성이라는 관점에서 접근하겠다. 또한 세포에 기반한 생명 형태가 주를 이룬 지구에서, 생명의 풍부함을 더하는 데 바이러스가 어떤 역할을 하는지 살펴보겠다.

바이러스에 대한 이해는 건강과 질병 문제뿐 아니라 지구의 기본적인 생물 체계에 새로운 통찰을 가져올 것이다. 게다가 바이러스의 이질적인 생명 형태 덕분에, 만약 바이러스를 완전히 이해하게 된다면 우리는 진짜 외계인과 맞닥뜨리는 것이 어떤 일일지 가늠할 수 있는 실마리를 찾을지도 모른다.

지구의 정복자, 바이러스

먼 우주에서 바라볼 때조차 지구상에 얼마나 많은 생명체가 존재하는지 알 수 있다. 그러나 눈에 보이는 것이 전부가 아니다. 지구상에 존재하는 지배적인 생명 형태는 크기가 매우 작다. 이 생명 형태는 바다와 땅, 깊은 지하를 가리지 않고 어디에나 존재한다. 심해탐사를 통해 이런 유기물의 존재를 확인할 수 있다. 이 경우, 생명체는 태양에서 오는 에너지가 아닌 지구 핵에서 나오는 열로 생명을 유지한다. 박테리아와 고세균과 같은 세포성 미생물을 추적하는 게 좀더 수월하겠지만, 바이러스 형태의 비세포성 미생물이야말로 생물 다양성의 핵심적 부분을 드러낸다.

모든 형태의 세포성 생물은 적어도 한 종류 이상의 바이러스의 숙주 노릇을 한다. 모든 조류alga와 박테리아, 식물과 곤충, 동물이 그렇다. 그러므로 모든 종의 세포성 생명체가 단 하나의 유일한 바이러스의 숙주가 된다 해도 바이러스는 지구상에 존재하는 가장 다양한 생명 형태가 된다.

바이러스는 작고 가볍지만 (지금까지 알려진 가장 큰 바이러스조차 아주 작은 6백 나노미터의 아메바 감염 미미바이러스amoeba-infecting mimivirus, 즉 단세포 미생물인 아메바와 결합한 바이러스다.) 너무나 엄청나게 많아서 생물학적으로 큰 족적을 남긴다. 1989년에 발표한 기념비적 논문에서, 오이빈 베르그Oivind Bergh는 전자현미경을 사용해 자연상태의 수중 생태계에 존재하는 바이러스 수를 세어보았다. 연구진은 1밀리리터당 약 2조5천억 개에 달하는 바이러스를 발견했다. 좀더 포괄적인 추정치에 의하면, 지구 생태계의 박테리아성 바이러스의 양은 우리의 상상을 완전히 뛰어넘는다. 어떤 학자는, 만약 지구상의 모든 박테리아를 한 줄로 늘어뜨려 세운다면 대략 폭이 150광년인 우리 은하Milky Way Galaxy를 훌쩍 넘어 2억 광년에 이를 것이라고 추정했다. 바이러스를 그저 사소한 세균 정도로 이해해선 안 된다. 인간은 지구 전체를 뒤덮고 있는 바이러스의 엄청난 풍성함과 영향력을 이제 막 인식하기 시작했다.

친구인가 적인가

대부분의 사람들은 바이러스라는 말을 들으면 '질병을 가져오는 아주 작은 생물체'를 떠올린다. 만약 지구상의 바이러스를 몽땅 없애버릴 수 있는 스위치가 있다면 대부분의 사람은 그걸 누르는 쪽을 선택할 것이다. 하지만 잠깐, 부디 신중한 선택을 하기 바란다. 모든 바이러스에 오직 부정적인 면만 있는 걸까? 지구상의 모든 세포 유기체에 서식하며 자연계의 엄청난 다양성과 풍부함 속에 존재하는 바이러스가? 내 대답은 "절대 그럴 수 없다!"다.

지구의 평형은 바이러스 세계의 활동에 의존하며, 바이러스가 사라진다면 실로 엄청난 결과가 초래된다. 학자들의 추정에 의하면, 바다 속 박테리아의 20에서 40퍼센트가 날마다 바이러스에 의해 사라지는 데, 이들은 죽으면서 엄청난 양의 유기 물질을 생성한다. 해양 생태계에 아미노산과 탄소, 질소 등을 방출하면서 바이러스는 해양 영양분 순환의 대표 선수 역할을 하고 있는 것이다. 생물 다양성을 조절하는 바이러스의 역할에 대한 연구는 아직 시작 단계에 불과하다. 그러나 바이러스는 한 종의 박테리아가 우세해지는 현상을 막으면서, 박테리아와 같은 핵심적인 환경 생물체의 다양성을 유지시킨다.

바이러스의 중심적인 역할은 영양 순환과 다양성의 유지인데, 이러한 활동은 살아있는 세포를 파괴하는 바이러스의 역할 때문에 가능하다. 그렇다면 바이러스가 개개의 유기체에게 줄 잠재적인 혜택이 과연 있을까? 불행히도 인간 바이러스에 관한 대부분의 연구는 질병의 매개체라는 관점에서 바이러스를 다룬다. 사실 지금까지 이로운 바이러스를 밝혀내기 위한 조직적인 시도 또한 없었다. 만약 그러한 연구를 시도한다면 어떤 사실이 밝혀질까?

바이러스는 숙주, 그리고 다른 유기체와 연속적으로 작용한다. 어떤 바이러스는 숙주에게 해를 입히며 어떤 바이러스는 이득을 준다. 그리고 나머지 바이러스는(아마도 거의 대부분의 바이러스가) 숙주와 비교적 중립적인 관계를 맺으며 살아간다.

이로운 바이러스에 대한 사례 연구가 많지는 않지만 우연한 발견이 숙주를 돕는 바이러스의 잠재력을 명확히 보여주었다. 보금자리 밖에서 새끼를 기르는 고치벌과는 모충 안에 알을 낳으며, 알이 부화하면 애벌레는 모충을 먹이로 삼는다. 그 결과 진화적인evolutionary 군비 경쟁이 시작된다. 모충은 말벌이 알을 낳지 못하도록 방어를 강화하고 말벌은 대응

책을 마련한다. 폴리드나바이러스Polydnavirus(나비목 곤충에 기생하는 기생 벌에서 발견되는 바이러스의 1군 – 옮긴이), 즉 자신의 유전정보로서 RNA보다 DNA를 사용하는 종류의 바이러스와 관련한 바이러스–숙주 협력도 그러한 대응책 가운데 하나다. 이 바이러스는 말벌과 상호 이익이 되는 관계로 진화해왔다. 바이러스는 말벌의 난소에서 복제되어 말벌의 알들과 함께 모충 안으로 주입된다. 바이러스는 숙주 모충의 면역체계를 멈추게 함으로써 알을 보호하는 방식으로 후의를 갚는다. 말벌은 바이러스를 돕고 바이러스는 말벌을 돕는다.

바이러스는 지구상 어디든 존재한다. 그러므로 이들이 단지 파괴적인 역할만을 한다면 그것이야말로 정말 놀라운 일이다. 연구가 더 진행되면 바이러스의 심원한 생태적 중요성 또한 모습을 드러낼 것이다.

진화의 선동자

바이러스가 제공하는 이득 가운데 하나가 진화의 중심에 놓여 있다. 높은 돌연변이율과 유전정보를 교환하는 능력 덕분에 바이러스는 엄청난 유전적 다양성의 근원이 된다. 이들은 한 유기체에서 다른 유기체로 끊임없이 유전 정보를 옮기며 숙주에 새로운 유전 정보를 도입한다. 이러한 유전적 다양성은 진화 과정에서 동력으로 작용할 수 있다. 바이러스에 의해 떠돌아다니는 유전자들이 그것을 수용하는 유기체에 이롭기만 한 것은 아니지만, 자주 중추적인 이익을 제공한다. 바이러스의 유전자에서 유래한 몇몇 박테리아 종의 독성이 전통적인 예다.

그러나 이러한 유전자 도입이 박테리아에게만 국한된 것은 아니다.

유전물질을 숙주의 DNA와 통합하는 레트로바이러스 또한 동물에게 똑같은 일을 한다. 레트로바이러스 유전자를 인간의 유인원 조상에게 도입한 것은 인간의 태반胎盤 형성에 매우 중요한 역할을 한 것 같다. 유전자 ERVWE1은 확실히 레트로바이러스에서 나왔으며, 지금은 적합하고 영속적인 유전자가 되었다.

레트로바이러스 유전자가 인간의 번식 시스템에 사용되는 것은 놀라운 일이 아닌데, 이는 레트로바이러스와 태아 모두 면역체계의 복잡성과 협상해야 하며 면역체계는 끊임없이 '이질적인 것'을 거절하기 때문이다. ERVWE1는 정확히 다음과 같은 기능을 한다. 즉 레트로바이러스가 숙주의 거부를 피하기 위해 면역체계를 통제해야만 하는 것처럼, 면역체계의 억제를 도와 '낯선' 태반의 거절을 막는다. 이렇듯 유전적 다양성의 생성과 운반을 통해 바이러스는 지구 생명체의 진화에 대단히 중요한 창조의 동력과 유동성을 제공한다.

바이러스를 변호하다

'바이러스'라는 단어는 '독소' 또는 '독'을 뜻하는 라틴어에서 유래했다. 이 말이 14세기에 '독이 있는 물질'의 동의어로서 처음 영어에 유입된 이래, 바이러스를 다루는 과학은 초기의 부정적인 오해를 계속해서 드러냈다. 반면 몇몇 바이러스학자들은 바이러스의 역할에 대한 좀더 전체적인 관점을 수용했다. 그러나 대다수 대중은 여전히 인간과 동물에게 해를 끼치는 대상으로만 바이러스를 이해한다.

바이러스의 중요성에 대한 오해는 바이러스를 연구하는 학문에도 영향을 끼쳤다. 바이러스학은 미생물학과 제약학human medicine의 하위 학문쯤으로 여겨졌는데, 이는 반드시 수정해야 할 부분이다. 우리는 바이러스학을 과학 연구의 주요 대상으로 다루고 그 영역을 확장해야 한다. 바이러스의 다양성을 기술하고 이해하려는 과학자들은 바이러스가 가져올 장단기의 혜택을 약속한다. 진화생물학, 물리학, 지구과학, 컴퓨터과학을 연구하는 새로운 세대의 학자들은 지구상의 가장 중요한 생명 형태가 무엇일지 이해하기 위해 물리학자와 분자생물학자들과 협력해야 한다.

다행히도 바이러스학의 여명을 알리는 새로운 도구들이 등장하고 있다. 메타게노믹스metagenomics는 지구상의 바이러스와 미생물의 풍부함을 드러내기 시작했다. 메타게노믹스는 유전자 배열을 사용해 생물학적으로 풍성한 환경의 유전자 다양성의 특성을 기술하는 미생물학의 신생 분야를 뜻하는 용어다. 예를 들어 인간의 배설물에 관한 연구는 주어진 배설물 샘플에서 천 개가 넘는 각기 다른 바이러스가 존재한다는 사실을 보여준다. 그것은 한때 인류 전체가 감염되었다고 생각한 것보다도 더 많은 수의 바이러스였다!

인체와 지구상에 서식하는 바이러스에 대한 지식은 아직 초기 단계에 불과하다. 바이러스와 동식물, 토양, 수생水生 체계와 같은 관련 분야에 대한 연구는 새로운 발견을 위한 긴 여정을 보여줄 것이다. 이렇게 수집된 바이러스는 환경을 이해하고, 미래의 전염병을 예측하며, 새로운 항생제를 개발하고, 여러 유용한 목적을 위한 새로운 유전자를 발견하고 도입하는 데 도움을 줄 것이다.

바이러스학이 엄청난 잠재력을 지니고 있다는 사실은 이미 증명되었다. 순수한 백신 바이러스와 다양한 우두 바이러스의 사용은 인간이 맞닥뜨린 질병 중 최악의 재앙이었던 천연두를 종식시켰다. 또한 박테리오파지bacteriophage*는 분자생물학의 기초적 발견을 위한 주요 모델이라는 사실이 입증되었다. 최근의 가장 극적인 성공은 비배아줄기세포의 창조다.

바이러스 연구는 지구상의 바이러스를 폭넓게 탐험하는 실제적인 중요성을 넘어, 우주 속 인간의 위치에 대한 통찰을 제공한다. 바이러스는 지구 밖 생물체를 발견하고 그들과 상호작용하는 것이 어떤 일인지 알려줄 것이다.

대중이 상상하는 외계인의 모습은 완전히 상냥하거나 완전히 악하다. 바이러스에 대한 틀에 박힌 생각 역시 이와 비슷하다. 그러나 현실에서 바이러스는 좋고 나쁘고 추하고 이로운 모든 측면을 다 드러낸다. 외계 생명체 역시 마찬가지일 것이다. 외계인과의 최초의 만남은 아마도 극적인 조우가 될 것이다. 그들이 높은 지능을 가진 우호적인 존재든 낯선 행성에서 온 포악한 군사든 말이다. 설혹 우리 주변에 외계 생명체가 살게 되더라도, 그들이 유익한 종인지 해로운 종인지 확인하는 일은 까다로운 작업이 될 것이지만 외계 생명체의 발견은 과학의 발전에 분명 커다란 이득을 가져올 것이다.

---

* 주세균에 감염되어 그 세포 내에서만 증식하는 바이러스로 세균여과기를 통과하며, 광학현미경으로는 직접 볼 수 없는 미소한 입자다. 살아 있는 세포 내에서만 증식이 가능하다.

나단 울프Nathan Wolfe

스탠포드대학교의 인간생물학과 방문교수다. 1998년, 면역학과 전염성 질병에 대한 연구로 하버드대학교에서 박사학위를 받았다. 그의 연구 주제는 지구상에 존재하는 세균의 다양한 생명 형태를 도표화하고 분자바이러스학, 생태학, 진화생물학, 인류학의 방법론과 결합하는 것이다. 울프의 주요 업적 가운데 하나는 동물영장류가 자연적으로 인간에게 옮긴 레트로바이러스retrovirus의 최초의 증거를 발견한 것이다.

그는 또한 '세계 바이러스 예측계획'(GVFI)을 설립하고 이끌고 있다. 이 단체는 동물이 사람에게 감염시키는 새로운 감염매개채의 부작용을 감시하는 전국적인 조기 경보 시스템이다.

15

곤충은 어떻게 사회를 이루어 살게 되었을까

시 리 언 섬 너 _ 진 화 생 물 학 자

사회성 진화의 최고 단계, 진사회성

아이들이 커가면서 당신은 더 큰 집으로 이사할 계획을 세운다. 얼마간 수소문한 끝에 드디어 이사갈 집을 정한다. 가장인 당신의 지휘 아래 가족들은 팀워크를 과시하며 일한다. 아이들은 이삿짐 싸는 일을 돕고, 어른들은 새 집으로 짐을 옮긴다. 제 몫을 톡톡히 해내는 모습을 보니 딸을 여럿 두길 잘했다는 생각이 든다. 딸들이 정리정돈을 잘해서 새 집은 곧 제 모습을 갖추었고 이제 들어와 사는 일만 남았다! 막내는 벌써 언니, 오빠에게 길 아래서 발견한 사탕가게에 대해 신이 나서 떠들고 있다.

위에서 묘사한 풍경은 세계 어느 곳에서나 흔히 볼 수 있는 것이지만, 나는 인간 가족에 대해 이야기하지 않았다. 이야기의 주인공은 바로 개미 가족이다. 이사가는 모습 외에도 둘은 대단히 많은 면에서 서로 닮았다. 쓰레기의 처리, 노동, 자녀 돌보기, 군주제, 노예 거래, 불로

소득자, 반역, 건축, 농경, 살해, 식인 풍습 등이 그것인데, 곤충은 인간보다 무려 8천만 년이나 앞서 이 모든 특성을 지녀왔다. 한 세기가 넘도록 과학자들은 곤충들을 묘사하고, 관찰하고, 측정하고, 짓이겨 유전자를 조사했다. 덕분에 우리는 거대한 개미 제국이 어떻게 진화하며 유지되는지 알게 되었다.

개미는 아주 영리한 의사전달자다. 꿀벌은 춤을 이용해 음식이 있는 위치를 서로에게 알려주는데, 먹이의 위치를 찾는 꿀벌의 능력은 자동차에 달린 네비게이션과 경쟁해도 될 정도다. 그들은 관대한 상호주의자인 동시에 정복자다. 아르헨티나개미의 한 무리는 6천 킬로미터에 걸쳐 확장하는데, 이는 인간이 만든 어떤 도시권보다 큰 규모다. 개미의 개체량은 전 세계 동물 개체량의 20퍼센트를 차지하며, 이는 당연히 인간을 훨씬 넘어서는 수치다. 사회성 진화의 최고 단계인 진사회성eusociality을 가진 곤충들은 여러 세대가 함께 살며 역할 분담을 하고 공동으로 새끼를 돌본다.

진사회성 곤충의 성공 비결은 분업화로 구성원은 계급에 따라 하는 일이 다르다. 그들은 각각 새끼를 낳거나(여왕 계급과 수컷 개미) 돌보고(암컷 개미로만 이루어진 노동계급) 먹이를 구한다. 다른 대부분의 진사회성 곤충과 마찬가지로, 벌꿀 집단에서 노동 계급에 속한 벌은 짝짓기하는 능력을 상실했고 따라서 부화할 수 있는 알을 낳지 못한다. 대신 집단은 모든 유전자를 여왕에게 집중시킨다.

일단 각자의 역할을 받아들이게 되면 이러한 폐쇄적 사회계급이 영원히 지속된다. 진화는 노동 계층에게는 괴로운 거래다. 죽도록 일하고 결코 섹스는 할 수 없기 때문이다. 자연선택 이론을 고안할 때 이 점이 찰스 다윈의 가장 큰 골칫거리였다. 하지만 지금쯤은 다윈 역시 마음 편히 잠들 수 있으리라. 왜냐하면 영원히 생식할 수 없도록 진화된 계급이야말로 사회적 곤충이 택할 수 있는 가장 영리한 역할이기 때문이다. 폐쇄적 사회계급은 갈등을 감소시킨다. 알을 낳지 못한다면 강력한 경쟁자에게 도전하기 위해 시간과 힘을 낭비할 필요가 없으며, 갈등이 적어진 덕분에 더 많은 유전자가 후손에게 전달된다. 비록 자신의 후손이 아니라 (대부분 자신의 형제자매인) 친족의 후손의 형태로 전달되겠지만 말이다.

자, 그렇다면 집단 안에서 여왕의 수를 제한하는 이유는 뭘까? 그렇게 해야만 일개미는 돌보는 새끼가 자신과 가까운 관계라고 느끼게 되며, 노동에 대한 보상을 받았다고 믿게 되기 때문이다.

일단 전제적인 사회구조가 형성되면 집단은 커진다. 일개미 계층은 다시 세분화되어 각각 다른 일을 수행하며, 유전자 번식은 더욱 순조롭게 진행된다. 개미 사회의 복잡성은 여기서 끝나지 않는다. 여왕과 노동 계층 외에 세 번째 계층이 존재하는데, 이들은 몸집이 크고 사나운 군인이다. 억센 송곳니와 날카로운 창으로 무장한 채 군락을 지키는 이들의 모습은 종종 공상과학 작가들의 상상력을 자극해왔다.

진사회성의 비밀을 찾아라

사회생물학자들이 이처럼 고도로 복잡한 경이로운 사회에 가장 큰 관심을 기울여온 것은 당연한 일이다. 하지만 학자들은 진사회성에 대해 잘 알지 못한다. 왜냐하면 그러한 사회는 진화 과정에서 형성되며, 결과로부터 원인을 밝혀내는 일은 쉽지 않기 때문이다. 따라서 다음 세대의 사회생물학자들의 궁극적인 질문은 다음과 같은 것이 된다. '한 집단이 진사회성을 띠게 되는 비밀은 무엇일까?', '어떤 조건과 선택압selection pressure(선택작용을 물리학적인 압력과 비교하여 나타내는 용어―옮긴이)이 진사회성을 이끌어냈을까?', '애초에 폐쇄적 계급제도는 어떻게 진화하게 되었을까?'

자, 먼저 곤충들이 맨 처음 집단을 형성했던 시기로 돌아가 생각해보자. 사회적 곤충의 조상은 원래는 혼자 고립된 생활을 했다. 그런 예는 지금도 주변에서 쉽게 찾아볼 수 있다. 나나니벌 한 마리가 파헤쳐진 땅속 구멍에 알을 낳고 맛난 모충을 먹이로 주고는 떠나버린다. 그 다음 단계로 가장 단순한 곤충 사회가 출현한다. 둘 이상의 암컷이 같은 둥지에 살면서, 보금자리를 짓거나 지키고 먹이를 찾아오는 일을 나누어 한다. 만약 혼자 사는 것보다 이 편이 더 유리하다는 사실이 입증되면 바야흐로 진사회성의 첫 번째 단계가 시작된다. 그러므로 사회적 진화 과정에서 일어난 궁극적인 발전은 외로운 나나니벌의 고독한 삶이 사회적 삶으로 변화하는 것이다.

50종당 한 종 꼴의 곤충만이 진사회성을 지니는데, 이는 고립된 삶에서 진사회성을 가진 삶으로 옮겨가는 일이 쉽지 않다는 사실을 보여준다. 그 이유는 무엇일까? 자연세계에는 영리한 수학자들로 가득하며 그들은 더 좋은 유전자를 남기려면 다양한 생존 전략 가운데 무엇을 취해야 할지 귀신같이 안다. 후기 진화생물학자인 W. D. 해밀턴Hamilton은 사회적 곤충이 다른 동물보다 좀더 영리해야 했다고 지적한다. 같이 사는 동료와 얼마나 많은 유전자를 나누는지 알 수 있어야 하기 때문이다. 집단 안에서 가까운 친척이 우월한 위치에 있는 구성원은 번식 과정에서 소외된다. 해밀턴의 법칙에 의하면, 이타적인 행동을 함으로써 얻을 수 있는 적응적 이득benefit(b)에 유전적 근친도relatedness(r)를 곱한 값이 그러한 행동을 하는 데 드는 비용cost(c)보다 크기만 하면 그 행동은 진화한다. 즉 br>c일 때 진사회성 사회로 진화할 가능성이 높다.

해밀턴의 법칙만큼 간단하고 우아한 과학적 발견도 흔치 않을 것이다. 그러나 이 법칙은 진사회성을 이해하는 데는 도움을 주지만 진사회성의 기원을 알려주지는 못한다. 해밀턴의 법칙이 성립하는 데 필요한 조건들은 애초에 어디에서 발생했을까? 암컷들은 어떻게 친척을 찾았으며 함께 살 결심을 했을까? 아마도 여러 단계의 계급을 거치는 사회polymorphic를 형성하는 곤충 안에 고립된 삶과 진사회성 사회 사이의 틈을 메꾸어줄 잃어버린 연결고리가 있을지도 모른다. 벌과 말벌은 사회적인 삶과 고립된 삶 가운데 하나를 선택할 수 있는데, 서식지와 태어난 곳, 이웃, 날씨 등이 결정에 영향을 준다. 그들이 어떻게 결정을 내리는지 알 수 있다면 진사회성의 기원이 밝혀지기 시작할 것이다.

이제 다양한 형태의 사회를 선택할 수 있는 벌들에 대해 알아보고, 그들의 딜레마와 해법이 무엇인지 살펴보자.

딜레마 1 : 혼자 살 것인가, 함께 살 것인가

따뜻한 봄바람이 불어온 어느 날, 겨울잠에서 막 깨어난 암컷 벌을 떠올려보라. 혼자 사는 것보다 사회를 이루어 사는 편이 더 이득이 될 거라는 계산을 그녀는 과연 할까?

그녀는 어떤 선택을 할까? 만약 스코틀랜드 북쪽에서 깨어났다면 벌은 시원하고 짧은 여름을 알리는 싸늘한 기운을 느낄 것이고 홀로 다음 세대의 여왕이 될 새끼를 기를 것이다. 여름이 더 길고 따뜻한 잉글랜드 남쪽에서는 사정이 조금 다르다. 여기서 벌은 스코틀랜드의 벌처럼 혼자 살기도 하지만 종종 사회를 이룬다. 함께 살게 되면 처음 태어난 새끼들은 일꾼이 되어 양육을 돕고, 그들이 양육한 새끼 가운데 한 마리가 내년에 여왕이 된다. 이렇듯 결정은 환경의 영향을 명백히 받는다.

학창 시절, 나는 5년 동안 줄곧 같은 무리의 소녀들과 몰려다니곤 했다. 스스로 임명한 여왕이 그룹의 위계질서를 면밀히 감시했는데, 그녀는 기분에 따라 '가장 친한 친구'를 교체하는 방식으로 권력을 행사했다. 이것은 대단히 탁월한 분할통치법이었다. 그룹의 모든 구성원을 취약하게 만들면서 동시에 희망을 품게 하고 때때로 숭배의 대상으로 만들기 때문이다. 이 그룹과 어울리는 것은 인기의 상징이자 남자를 줄줄 따르게 하는 확실한 방법이었다.

벌은 왜 사회를 이루어 살려고 할까? 만약 자신이 여왕이거나, 적어도 여왕의 총애를 받는 피지배층(말하자면 가장 친한 친구!)이 된다면 사회란 참으로 살 만한 곳이다. 진사회성 사회로 돌입하려 할 때, 암컷은 알을 낳는 계층이 될 수 있는 가능성을 계산해보아야 한다. 지난 15년간 벌떼를 대상으로 행한 이론모형을 이용해 학자들은 번식분할reproductive partitioning이 이루어지는 방법을 밝혀내기 위해 애썼다. 그룹의 결속을 확인하기 위해 여왕은 인기를 넘겨주지는 않았다. 대신 사회적, 환경적, 신체적 요인을 고려해 새끼를 양육할 수 있는 혜택을 구성원에게 제공한다. 내 학창시절 여왕과 마찬가지로, 사회적 곤충 집단의 여왕 역시 자신의 그룹이 필요하다. 그래서 여왕은 알을 낳을 기회를 제안하면서 그룹에 남아 자신을 도와달라며 다른 암컷들을 설득한다. 이러한 사회적 계약은 종이말벌들 사이에서도 나타난다. 권력을 가진 암컷은 피지배층에 속한 암컷에게도 알을 낳을 기회를 주는데, 이것은 단지 그들을 기분좋게 만들어 주기 위해서다. 사회성 곤충의 암컷은 더 많은 번식 기회를 얻기 위해 서로 경쟁한다.

　가장 단순한 사회에 속한 곤충은 각기 다른 전략의 상대적인 비용과 효용을 가늠할 수 있다. 과학자들은 단순한 곤충 사회에서 번식의 기회가 분배되는 방식에 대한 정보를 축적하고 있지만 아직 해답을 찾지 못하고 있다. 새로운 종을 연구할 때마다 각기 다른 이론모형을 지지하는 결과가 나오기 때문이다. 어쩌면 이제는 보편적인 법칙을 발견하는 일을 포기해야 하는 시점인지도 모르겠다. 그렇지 않다면, 과학자들은 그동안 잘못된 접근법을 고집해온 것일 수도 있다. 이제 종의 차원에서 이 문제에 접근해보자.

딜레마 2 : 누구와 어떻게 함께 살 것인가

일단 사회를 이루어 살기로 결심했다면 이제 적합한 동료를 찾아야 한다. 어디에서 그들을 찾을 수 있을까? 상대가 자신의 친척이라는 사실을 어떻게 확신할 수 있을까? 친척 관계가 아닌 암컷을 받아들이는 건

파멸에 이르는 길이다. 노동계층이 유전자를 번식시킬 수 있는 방법은 혈연관계가 있는 새끼의 양육을 돕는 것이기 때문이다.

친척은 다음과 같은 간단한 법칙으로 알아낼 수 있다. '너와 가까운 곳에서 겨울잠에서 깨어난 벌과 함께 보금자리를 꾸려라.' 왜냐하면 '네 옆에서 겨울잠을 잔 벌이 네 자매일 확률이 높기 때문'이다. 또는 '너와 닮은 벌을 찾아라.' 말하자면 결정적인 외모적 특성을 기준으로 동료를 선택해야 한다. 《이기적 유전자The Selfish Gene》에서 리처드 도킨스Richard Dawkins는 이러한 독특한 특성을 가리켜 "한 유전자가 다른 개체에서 스스로의 복제품을 알아보는 한 방법"이라고 말한다. 나와 성姓이 같은 친구가 한 명 있다. 같은 성을 쓴다는 이유로 나는 그 친구와 내가 어떤 관련이 있지 않을까 생각했고 그녀는 사실 나와 좀 닮기도 했다. 하지만 친구는 다른 나라 출신이다. 유전자 검사를 받아보지 않는 한, 내 옆을 스치는 낯선 사람보다 그녀가 나와 더 가까운 혈연적 관련을 맺고 있다고 말할 수는 없다.

그렇다면 사회적 곤충은 친족 관계를 추적하는 뛰어난 능력을 가진 걸까? 가장 단순한 사회의 동물이 적용한 현명한 해결책은 작업장을 차려 자신의 후손을 일꾼으로 쓰는 것이다. 하지만 그럴 때 생기는 문제는 일꾼이 여왕을 자신의 어미로 확신할 수 있느냐다. 실은 어미로 변장한 기생충일 수도 있으니 말이다. 약 20여 년 전에 화학과 생물학의 협동연구를 통해 사회적 곤충이 친족을 알아보는 데 작용하는 메커니즘의 일부가 드러났다. 친족을 알아보는 데 필요한 것은 향수와 화장이 전부였다. 몸 표면의 탄화수소 덕분에 곤충은 함께 사는 동료가 누구인지 알아차렸다. 낯선 냄새를 풍기는 말벌이 벌집을 침입했을 때, 나머지 말벌은 공포에 질린 채 달아나버렸다.

그렇다고 화학작용이 완벽한 증거가 되지는 않는다. 사회적으로 기생하는 말벌은 화학작용을 일으키지 않는 냄새를 지니는데, 덕분에 그들은 들키지 않고 숙주의 보금자리에 침입할 수 있다. 시간이 흐르면서 숙주의 보금자리 냄새가 말벌의 몸에 배게 되고, 숙주는 어느 순간 기생생물을 위해 일하기 시작한다. 진짜 동료와 기생생물을 구별할 수 없게 되기 때문이다. 한 연구에서 어떤 과학자들은 종이 말벌의 얼굴에 분장을 시켰는데 이는 벌들의 인식 체계를 완전히 교란시켰다.

어쨌거나 과학자들은 사회적 곤충이 친구와 적을 거의 정확하게 구분할 수 있다고 확신하는 것 같다. 그러나 이들이 생각만큼 엄청난 능력을 가진 것은 아닐 수도 있다. 개미와 같이 고도로 발달한 종에게는 그런 뛰어난 능력이 있다고 주장하는 학자들이 있지만, 그것을 입증할 만한 결정적인 실험은 아직 착수되지 않았다. 사실 가장 영리한 종도 실수를 하지만 학자들은 그에 대해 그다지 이야기하고 싶어하지 않는다. 예컨대 꿀벌, 뒝벌, 말벌 등이 잘못된 보금자리에서 일하는 모습이 종종 목격되며, 사실 연구를 진행할수록 더 많은 실수가 발견된다.

딜레마 3 : 사회화는 언제 이루어지는가

날씨 또한 곤충의 결정에 영향을 미친다. 앞서 말한 영국의 벌은 이른 봄날에 결정을 내려야만 한다. 아마도 그들은 이런 규칙을 만들어낼 것이다.

"4월 중순까지 영상 10도를 넘지 않으면 혼자 지내는 게 낫겠다. 양육하는 기간이 춥고 짧을 텐데 새끼 두 마리를 기르는 건 무리야."

그러나 규칙은 얼마나 자주 위반될까? 따뜻한 남쪽 지방에서 혼자 사는 벌들은 그저 실수로 그렇게 된 것일까? 나는 파나마에서 연구를 수행하면서 인생을 좀더 균형있게 바라보며 조금은 덜 소모적인 생활을 했다. 그렇다면 시간에 쫓기며 햇빛조차 제대로 쬐지 못하던 영국의 벌은 파나마에서 어떻게 행동할까? 어쩌면 그들도 나처럼 조금은 느긋해져 변화된 환경을 즐길 수도 있다. 처음엔 혼자 살 집을 마련할지 모르지만, 첫 새끼가 태어나면 둘 중 하나를 선택해야 한다. 아니면 고립된 삶에 싫증을 느껴 가까운 곳에 사는 친척과 제휴할 수도 있다. 온대 기후를 나타내는 위도에 있을 때와 달리 벌들은 아열대기후에서 일생에 걸쳐 가소성을 나타낼 수 있으며, 따라서 비계절성 환경 속에서 다양한 전략을 기회주의적으로 적용할 수도 있다. 아마도 영구적인 형태학상의 계급제도는 온대 지역에서 발전했을 것이다.

만약 벌들이 잘못된 결정을 내리면 어떤 일이 벌어질까? 벌들은 그럴 때 얼마나 융통성을 발휘할까? 단순한 사회를 이루어 사는 집단에서 그들은 꽤나 융통성 있게 행동한다. 계급 이동이 가능하며 원래의 보금자리만 고집하지도 않는다. 만약 벌들간의 제휴가 무너지면 어떤 일이 생길까? 다시 혼자 사는 삶으로 돌아갈까? 이 경우에 적응성이 뛰어난 암컷이 번식의 기회가 더 많은 근처 벌집으로 옮기는 것 또한 가능한 선택이다. 어떤 시점에서 사회성을 띤 곤충이 적응성을 잃는 걸까? 어떤 종은 계급제도 안에서 위치를 옮기는 데 연령 제한이 있다. 이것은 진화하는 영속적 계급제도를 향한 단계일까? 아니면 생태학이 제한 인자로 작용한 것일까? 만약 계급적 행동의 융통성을 결정하는 유전적, 환경적, 생태학적 요소를 밝혀내고 곤충이 언제 적응성을 잃어버리는지 알아낼 수 있다면 이러한 의문점은 풀리기 시작할 것이다.

진사회성의 기원

과학자들은 수십 년 동안, 좀더 단순한 곤충 사회보다는 벌꿀이나 개미와 같이 고도로 파생된highly derived 복잡한 진사회성 종을 연구하는 데 지나치게 몰두해왔다. 그럼에도 불구하고 과학자들은 사회성의 기원에 대해 꽤 많은 지식을 얻었다. 그러나 이제는 진사회성의 기원에 대해 이야기할 시점이며, 진사회성의 가장 근본적인 상태가 드러날 때까지 깊이 연구해야 할 때다.

좋든 싫든 생물학자들은 지금 게노믹스Genomics, 프로테오믹스protenomics, 트랜스크립토믹스transcriptomics와 같은 '오믹스omics'의 세계에 붙잡혀 있다. 이들은 각기 게놈, 단백질, 유전정보에 관한 연구를 말한다. 무엇에든 −omics가 붙는 것이 가능하다. 메타볼로믹스Metabolomics, 인터액토미스interactomics, 그리고 여기에 사회 시스템을 구성하는 유전자와 분자들에 관한 학문인 '소시오믹스Sociomics' 또한 추가된다.

놀랍게도 무리를 이루어 사는 생물체의 유전자 지도인 게놈 자이언트Genome Giants의 여명은 생물학에서 모습을 드러내더니, 자연세계를 유전자의 맨 얼굴로 끌어내렸다. 벌의 유전학을 엿보면 진사회성 곤충의 선조를 발견할 수 있을지도 모른다. 고립하려는 유전자와 사회화하려는 유전자가 각각 생의 어느 단계에서 나타나는지 들여다보면, 곤충의 선조들이 고립된 세계에 갇혀 사회성을 펼치지 못한 것인지 아니면 마지못해 사회를 이루고 산 독거성 동물이었는지 확실히 알 수 있을지도 모른다. 어쩌면 둘 다 아닐 수도 있다. 살아남을 수 있는 기회를 다가오는 대로 그저 받아들이면서 융통성을 갖는 방향으로 진화한 것일 수도 있다. 이 질문에 천착할 때 비로서 진사회성의 기원과 궁극적인 발전에 대한 질문에 진정으로 답할 수 있을 것이다.

게놈 자이언트와, 초파리, 선충류의 벌레, 그리고 최근의 꿀벌 개량종과 같은 게놈 자이언트의 모형 유기체에 관한 연구 덕분에 과학자들은 이제 진사회성의 기원에 내재된 유전자 연구를 시작할 수 있다. 이 연구는 진사회성에 대한 이해를 완전히 새로운 차원으로 끌어올릴 것이다. 더욱이 전에는 감히 생각지도 못했던 다음과 같은 질문을 입 밖에 낼 수 있게 되었다. 진사회성 생물로 변화할 때 유전자는 어떤 변화를 겪을까? 특정 유전자가 복사되고 개조되고 돌연변이를 일으킬 수 있을까? 만약 그렇다면 어떤 유전자가 해당될까? 어떤 종류의 고립 유전자가 소실될까? 전에는 없던 기능을 가진 새로운 유전자가 진화할까? 진사회성이 막 형성될 때 유전자의 유연한 특성은 언제 경직성과 예측가능성, 영속성에 의해 희생될까?

진사회성 곤충의 비밀은 이처럼 다채롭고 흥미진진하며, 우리는 그들의 기원을 이제 막 알아가기 시작하는 단계다. 인간을 닮은 사회적 곤충의 삶과 그들이 견뎌낸 수천만 년의 진화 과정을 생각해보라. 그들은 놀라울 뿐 아니라 무척이나 현명하다. 스스로 우월한 존재라고 여기는 우리 인간은 사회적 곤충 앞에서 겸손해진다.

나는 곤충과 인간 사회의 닮은 점을 열거하는 비유로 이 글을 시작했다. 나는 사회 구성원간의 역할 분담에 대해 곤충이 많은 것을 가르쳐준다고 생각한다. 그러나 우리는 거기서 교훈을 얻지는 못하는 것 같다. 예를 들어 배고픈 과학계에서 일하는 여성으로서 나는 육아와 일 사이에서 늘 쩔쩔맨다. 인간은 사회적 곤충이 주는 교훈을 마음에 새겨, 성별에 의해 나눠진 현재의 노동 구조에서 기술에 의해 구분되는 노동 구조로 신속히 이동해야 한다. 다른 글에서 이 문제를 좀더 본격적으로 다뤄보고 싶다.

●
시리언 섬너 Seirian Sumner
●

2004년부터 런던동물학협회 산하 동물학 연구소에서 진화생물학 특별연구원으로 일하고 있다. 1995년에 런던컬리지대학교에서 동물학으로 학사학위를, 1999년 같은 대학교에서 행동생태학과 진화학으로 박사학위를 받았다. 그 후 코펜하겐대학교University of Copenhagen와 파나마에 위치한 스미소니언 열대기후 생태연구소(STRI)에서 일했다. 최근에는 세계적인 화장품 회사 로레알L'Oreal의 '여성 과학자를 위한 특별연구비' 지원 대상자로 선정됐다.
섬너는 사회성 진화의 최고 단계인 진사회성의 발전 과정과 동물의 사회적 행동이 유지되는 방법에 대해 주로 연구하며, 특히 사회성의 기원과 이같은 중대한 진화적 변천에 영향을 미치는 게놈의 역할에 관심이 많다.

16
우리 인류는 멸종할까

카 테 리 나 하 바 티 _ 막 스 플 랑 크 진 화 인 류 학 연 구 소 연 구 원

멸종, 그 결정적 순간

찰스 다윈과 뒤이어 나온 대부분의 뛰어난 진화사상가들은 '멸종'을 진화의 주요인으로 여기지 않았다. 한때 존재했던 수많은 종들이 더 이상 지구상에 없다는 사실을 생각한다면 이는 조금 놀라운 일이다. 진화의 과정이 진지하게 연구된 지 수십 년이 흘렀고, 이제 자연에 대한 인간의 엄청난 영향력과 생물의 다양성이 위협받고 있다는 사실이 명확해졌다.

위기에 처한 종種에 관한 보고서들을 얼핏 살펴만 봐도 얼마나 많은 생물이 멸종 위기에 처해있으며, 그들의 멸종이 인간 생존에 어떤 영향을 끼칠 것인지 알 수 있다. 화석 기록을 면밀히 살펴보면 상황의 심각성은 더욱 명확해진다. 시간의 흐름에 따라 자연스럽게 도태되어 사라지는 기본멸종background extinction과 함께 몇몇 대량멸종mass-extinction이

생물의 역사에 종지부를 찍어왔다. 심한 경우에는 존재하던 생물의 거의 반 정도가 지구상에서 사라졌고, 결과적으로 지구 생물군계의 완전한 재구성이 이루어졌다. 가장 잘 알려진 것이 'K/T(백악질/제3기)' 사건이다. 약 6천5백만 년 전에 공룡이 멸종했고 뒤이어 포유류의 진화가 급증했다. 이토록 극적인 대량멸종이 지금까지는 다시 일어나지 않고 있지만, 멸종은 진화의 꼴을 형성하는 데 여전히 중요하다.

인간류 화석기록human fossil record을 통해 비교적 뚜렷한 멸종 사건 두 가지가 드러난다. 약 백만 년 전에 있었던 파란트로푸스속屬의 멸종과 약 3만 년 전에 일어난 네안데르탈인의 멸종이 그것이다. 두 사건 모두 아직 정체가 뚜렷이 밝혀지지 않은 인간 계통사의 결정적인 순간이다.

왜 멸종하는가

이 질문에 대한 답은 분명해 보이기 때문에 깊이 생각할 가치가 없는 것 같지만, 사실 우리는 답을 알지 못한다. 멸종의 원인은 복잡하며 잘 이해되지 않는다. 지금은 인간의 역할이 멸종의 중요한 요소로 작용하고 있지만 과거에는 그렇지 않았다. 멸종에는 분명 다른 중요한 요소가 있다. 한 지역의 동식물이 통째로 사라져버리는 경우에는 더더욱 그러하다.

멸종의 원인에 대한 주된 시각은 다음 두 가지다. 먼저 다윈이 지지한 첫 번째 관점은 다른 생물 분류군과의 경쟁에 의한 멸종이다. 여기서 상대는 종종 멸종된 종의 가까운 친족이다. 자연선택이 개량된 변종을 낳기 때문에 새로운 종은 조상보다 발전된 종일 경우가 대부분이다. 두 종이 접촉할 때 대체로 후손이 조상을 능가하며 결국 오래된 종은 멸종된다. 이 관점은 똑같은 생태환경을 필요로 하는 두 종이 한 지역에 오랜 시간 공존할 수 없다는 '경쟁배타의 원리'을 확립시킨다. 우리는 경쟁이라는 말을 종종 공격성과 관련지어 생각한다. 하지만 두 종이 음식이나 주거지처럼 한정된 자원을 자연으로부터 획득해야 할 때마다 경쟁은 발생한다. 이입종의 경우는 극단적인 경우다. 이러한 이입은 화석 기록을 통해 알 수 있다. 예를 들어 350만 년 전에 두 대륙이 만나면서 북아메리카의 생물 분류군이 남아메리카로 이동했다. '대 미주 생물 상호작용the Great American Biotic Interchange'이라고 명명된 이 사건이 진행되는 동안 남아메리카의 수많은 풍토성 동물이 멸종했고, 그 자리는 북쪽에서부터 침입해온 동물들이 차지했다. 인간에 의한 외래종 유입 또한 풍토성 생물의 멸종을 가져왔다.

멸종을 설명하는 일반적인 대안으로는 환경, 그 가운데 특히 기후변화를 들 수 있다. 이러한 시각에 의하면 멸종의 원인은 해당 종의 열등한 능력이 아니라 나쁜 운이다. 멸종한 종은 말하자면 잘못된 시기에 잘못된 장소에 있었다. 화산 활동의 증가와 해수면의 변화, 대륙의 위치 변화, 지구궤도 매개변수의 변화 등이 기후변화와 서식지의 유실을 가져온다. 이러한 지질학적 사건은 지구의 역사에서 숱하게 일어났고 따라서 기본멸종의 발생을 잘 설명해준다. 그러나 사건이 일어나는 빈도수와 점진적인 성격을 고려할 때 이것이 대량멸종의 확실한 원인이라고 생각하기는 어렵다.

어떤 과학자들은 단 하나의 종이 멸종하기 위해서도 갑작스럽고 파멸적인 변화가 필요하다고 계속해서 주장해왔는데, 그러기 위해서는 환경적 변화는 매우 드물게 발생해야 한다. 전에 한 번도 경험해보지 못한 변화여야 멸종이 가능하기 때문이다. 또한 멸종을 피하기 위한 시간적 여유가 없어야 하므로 환경적 변화는 매우 갑작스러워야 한다. 그러므로 종의 멸종을 가져오려면 혜성이나 소행성의 충돌과 같이 대단히 드물고 파괴적인 자연재해가 일어나야 한다. 혜성이나 소행성의 충돌은 K/T 대량멸종의 원인으로 강력하게 추정된다. 화석 기록을 통해 확인할 수 있는 비슷한 대량멸종에도 이러한 재난이 원인이 되었으리라 짐작할 수 있다.

경쟁에 의한 것이든 환경 변화에 의한 것이든 모든 종이 멸종에 똑같이 취약한 것은 아니다. 대량멸종이 일어날 때, 특정한 요인이 한 동물 분류군을 멸종에서 살려내는 데 충분한 역할을 하는 것 또한 아니다. 하지만 몇몇 특성은 덜 가혹한 환경에서 어떤 보호막 역할을 하는 것이 사실이다. 먼저 넓은 지역에 걸친 분포는 멸종을 피하는 데 유리한 요소다. 많은 개체수와 강한 번식력, 인내력, 다양한 환경을 이용할 수 있는 능력 또한 마찬가지다. 반면 몸집이 크거나 임신과 성숙에 오랜 시간이 걸리는 개체는 멸종하기 쉽다. 제한적 서식지와, 무엇보다 적은 인구 또한 멸종과 관련 있다. 특히 섬에 서식하는 동물 분류군이 멸종에 취약하다.

인간의 조상은 누구인가

인류 분류군human taxa이 특별한 원인 없이 멸종했다는 주장은 많은 반대에 부딪쳐 왔고, 몇몇 고고인류학자 집단은 여전히 그 의견을 받아들이지 않고 있다. 그들의 주장이 성립하려면 다음과 같은 사실이 필요하다.

먼저 과거의 어느 한 시점에 둘 이상의 인류 분류군이 존재했어야 하는데, 이것은 우리가 지금 경험하고 있는 것과는 완전히 다른 상황이다. 현재의 호모 사피엔스는 지구상에 존재하는 유일한 인간이며 다양한 지역에 적응하여 널리 퍼져 살고 있기 때문이다.

현재의 상황을 기준으로 삼아, 1950년대의 혁명적 사상가들이 경쟁배타의 원리에서 나온 '단일종 가설the single spieces hypothesis'를 내놓았다. 이 가정이 주장하는 것은 다음과 같다. 인류의 조상이 도구 사용 기술과 문화를 발전시켜 적응적소adaptive niche로 삼았고 다양한 환경을 이용하고 영역을 넓히는 데 사용했다. 문화는 인간의 적응형태이기 때문에 경쟁배타의 원리에 따르면, 서로 다른 두 문화를 가진 두 종류의 인류 분류군은 같은 시간에 같은 장소에 함께 있을 수 없다. 게다가 문화 덕분에 환경에 대한 적응과 지리적 확산이 용이해지기 때문에, 새로운 종을 형성할 정도로 오랜 기간 동안 혈통의 고립을 유지한다는 건 사실상 불가능하다.

최근 이 가정은 의문의 여지 없이 홍적세(신생대 제4기의 전반의 세- 옮긴이) 화석 기록에 적용되었고, 나중엔 그보다 이른 오스트랄로피테쿠스에까지 적용되었다. 이 이론은 인간의 종 형성과 멸종 모두에 적용되었다. 한 시기에 오직 한 종의 인류만이 존재한다고 가정하면, 적어도 새로운 종으로 진화하지 않고는 인류의 멸종이 불가능했다는 가설 또한 뒤따른다. 왜냐하면 우리가 지금 여기에 존재하고 있기 때문이다.

단일종 가설 이후 고고인류학은 먼 길을 걸어왔으며, 이 분야가 발전하면서 인간 진화의 얽히고 설킨 패턴들이 드러났다. 인간은 이제 생물학적 영향에서 자유롭지 못하며 따라서 멸종 역시 충분히 가능했을 것이라는 혹은 가능할 거라는 사실이 확실해졌다.

파란트로푸스를 만나다

때때로 '건장한 오스트랄로피테쿠스robust australopithecines'라고도 불리는 파란트로푸스paranthropus는 동아프리카와 남아프리카에서 270만 년 전 인류의 화석 기록에서 나타났다. 우리와 마찬가지로 두 발로 걸었지만 그들의 뇌는 유인원의 뇌와 조금 달랐고, 음식을 씹는 기관의 형태가 대단히 특징적이었다. 넓은 광대뼈, 거의 오목한 얼굴, 두개골 위로 솟은 시상봉합, 커다란 어금니와 턱과 같은 극단적인 형태는 식생활의 특수화를 의미하며, 이전의 오스트랄로피테쿠스와는 구별되는 해부학적 변형을 보여준다. 단일종 가설에 대한 결정적인 일격인 셈이다.

파란트로푸스는 구별된 새로운 속屬을 형성한다. 그 안에는 세 가지나 되는 종이 있는데, 그것들 모두 후에 등장하는 사람과科 동물homonids의 조상이라고 보기는 힘들다. 서로 너무나 다르기 때문이다. 비록 화석 기록이 깨끗하지 않고 연대가 잘 파악되는 것은 아니지만, 이 속의 마지막 표본은 지금으로부터 약 백만 년 전의 것으로 추정된다. 파란트로푸스의 멸종은 의심할 여지가 없다. 하지만 왜 멸종했을까? 그리고 애초에 왜 그토록 다른 특질을 갖게 되었을까?

파란트로푸스의 기원은 우리가 속한 속인 호모Homo의 초기 전형과 아프리카의 초기 석기 도구의 출현, 점점 건조해진 날씨와 대략 일치한다. 건조해진 날씨 덕분에 오스트랄로피테쿠스가 파란트로푸스와 호모로 진화했다고 알려지며, 최근까지도 학자들은 파란트로푸스가 앞서 말한 해부학적 특성을 발전시키면서 새로운 환경에 적응했다고 믿었다. 호모의 경우는 다르다. 그들은 석기 도구를 쓰는 기술과 그에 따른 문화를 발전시켜 보금자리를 넓혀왔다. 호모만이 석기 도구를 사용할 수 있었기 때문에 둘은 경쟁배타의 원리를 침해하지 않고도 공존할 수 있었을 것이다. 이 시나리오는 호모만이 도구를 만들 수 있었다고 가정하는데, 이 가정은 줄곧 의심의 대상이었다. 파란트로푸스는 도구를 만들 정도로 솜씨가 좋았으며 뼈를 조립해 만든 도구 역시 제작했을 것이다.

파란트로푸스가 좀더 일반적인 초기 호모와 공존할 수 있었던 이유는 아마도 제한적인 섭생을 했기 때문이었을 것이다. 특별한 종은 일반적인 종보다 멸종하기 쉽다는 점과 백만 년 전후의 강화된 빙하주기를 생각하면, 파란트로푸스는 특수화 때문에 멸종했다고 생각할 수 있다. 하지만 최근의 증거는 이를 반박한다. 파란트로푸스의 형태적 특성에도 불구하고 그들이 선호한 섭생이나 주거는 초기 호모보다 더 특화되었다고 보기 힘들다는 것이다. 사실 파란트로푸스는 어떤 기준에서는 오히려 멸종에 덜 취약했다. 화석 기록에 따르면 그들은 당시 가장 번성한 종류였고, 이는 그들이 높은 인구수를 자랑했다는 사실을 뜻한다. 파란트로푸스의 한 종인 파란트로푸스 보이세이P. boisie는 백만 년 가까이 지속된, 가장 오랜 기간 동안 살아남은 종 가운데 하나다.

파란트로푸스가 멸종한 이유는 확실하지 않다. 결정적인 환경적 변화나 다른 분류군과의 경쟁이 멸종과 관련 있을 거라고 추정할 수 있다. 확실한 것은 초기 호모를 인간 계보의 유일한 전형으로 남겨둔 채 그들이 백만 년 전에 화석 기록에서 사라졌다는 사실이다.

인간의 자매 종들

파란트로푸스와 달리 네안데르탈인은 지금의 우리와 매우 비슷했다. 큰 체격과 두뇌를 가진 사람과의 인류로, 그들이 정교한 문화적 행동 양식을 지녔다는 사실은 다양한 연구 결과에 의해 뒷받침된다. 이들은 30만 년 전, 가깝게는 3만 년 전까지 빙하기 유럽에서 살았다. 오늘날의 인간과 마찬가지로 그들 역시 수렵 생활을 했으며, 불을 사용했고, 시체를 매장했다. 하지만 분명한 차이점도 있다. 다른 영장류와 비교했을 때, 네안데르탈인과 현생인류의 두개골의 해부학적 크기 차이는 서로 다른 침팬지 두 종의 차이보다 더 크다. 오늘날 네안데르탈인은 대개 '호모 네안데르탈렌시스Homo neanderthalensis'라는 다른 종으로 간주된다. 그들은 우리 조상들의 계통에서 약 50만 년 전에 갈라져 나온 혈통의 자손이다. 이들은 이때 아프리카에서 옮겨와 유럽 지역에 고립되었다. 이러한 지리적 분리 때문에 두 종의 인류가 동시에 진화한 것 같다. 네안데르탈인은 우리의 가장 가까운 친척이다. 인류의 현존하는 가장 가까운 친척인 침팬지보다도 훨씬 더 가까운 친척이다. 그들은 우리의 자매 종 sister species이다.

네안데르탈인들은 약 3만 년 전에 화석 기록에서 사라졌다. 후손을 남기지도 않았고, 인간의 유전자 풀pool에 기여한 흔적도 찾아볼 수 없다. 약 4만 년 전, 현생인류가 유럽에 나타난 뒤 수천 년도 안 되어 그들은 멸종했다. 따라서 이런 의문이 들 수밖에 없다. 다른 많은 종을 멸종으로 이끈 이유로 꼽히는 환경의 변화가 네안데르탈인의 멸종에도 영향을 미쳤을까? 그들의 멸종이 호모 사피엔스의 등장과 관련된 것은 아닐까?

급작스러운 기후 대변화가 있었다는 가능성은 가장 먼저 배제된다. 네안데르탈인이 멸종했을 것으로 추정되는 시기에 그 정도 규모의 기후변화는 없었다. 극단적인 기후변화가 네안데르탈인에게 심한 압박을 주어 서서히 지구상에서 사라졌을 거라는 주장을 제기한다 해도 다음과 같은 의문이 따른다. 극심한 기후변화는 새로 출현한 비슷한 종과의 경쟁을 심화시켰을 것인데, 그러한 경쟁의 기록이 남아있을까? 호모 사피엔스와 호모 네안데르탈인 사이에 공격적인 상호작용이 있었다는 증거는 발견되지 않았다. 하지만 경쟁은 단순히 공격적 상호작용만을 뜻하는 건 아니다. 현생인류는 몸집 큰 초식동물을 사냥했는데, 그것은 원래 네안데르탈인의 사냥감이었다. 만약 원하는 자원이 상당 부분 겹쳤다면 경쟁배타의 원리가 적용되었을지도 모른다. 경쟁이 오랜 시간 지속되었다면 서유라시아와 같은 광대한 대륙에서도 둘 중 하나는 지구상에서 사라졌을 것이다.

그렇다 해도 네안데르탈인은 우리 조상들을 능가하는 몇 가지 진화적 강점을 지니고 있었다. 그들은 초기 현생인류보다 일찍 성숙했고 따라서 자녀생산 시기가 **빨랐을** 것이다. 홈그라운드의 이점 또한 있었다. 수천 수만 년 동안 네안데르탈인은 빙하시대 유럽에서 진화해왔다. 새로 도입된 종보다 그곳 환경에 훨씬 더 잘 적응할 수 있도록 신체적으로 진화한 것은 당연한 결과였다. 그럼에도 불구하고 그들 역시 약점이 있었다. 네안데르탈인은 제한된 섭식을 했는데, 주로 몸집 큰 초식동물을 사냥해 먹이로 삼았다. 결정적으로 짧은 번식주기에도 불구하고 인구가 항상 적었고 주기적으로 높은 외상률과 사망률을 드러냈다. 현생인류가 살아남은 이유는 좀더 융통성 있는 섭식과 우월한 기술 때문이었으리라. 현생인류가 네안데르탈인과 만 년 동안이나 동일한 지역에서 공존할 수 있었던 이유는 다양한 음식을 먹었기 때문이다.

그러나 우리 조상들의 가장 큰 강점은 많은 인구수였다. 오늘날 인류는 독특한 인구학적 특징을 보인다. 즉 성장하는 데 대단히 오랜 시간이 걸리며 굉장히 긴 수명을 자랑한다. 유인원과 달리 우리는 좀더 자주 출산할 수 있다. 발전된 나라의 경우, 여성은 출산 후 채 일 년도 안되어 다시 아이를 낳을 수 있다. 현존하는 수렵채집 사회에서는 3년 안에 다음 출산이 가능하다. 반면 침팬지는 약 6년에 한 번씩만 출산할 수 있다. 인간이 이렇게 자주 출산할 수 있는 이유는 우리 종의 긴 수명과 관련이 있다. 할머니가 양육을 도와주기 때문에 가임 연령의 여성이 더 많은 아이를 낳을 수 있기 때문이다. 초기 현생인류가 네안데르탈인보다 더 자주 출산할 수 있었는지는 모르지만, 화석 기록은 당시의 인구통계가 지금 우리의 것과 비슷하다는 사실을 암시한다. 점점 더 많은 노인이 생존해 있었음을 볼 수 있기 때문이다. 이러한 인구학적 특징은 고고학 기록에서 확인할 수 있는 인구 증가를 설명해줄 수 있다. 지난 6만 년간 조상들이 전 세계로 퍼져나갈 수 있었던 이유 또한 위와 같다. 별다른 공격도 없이 현생인류가 네안데르탈인을 지구상에서 몰아낼 수 있었던 것은 이러한 인구학적 특성만으로 충분히 설명된다.

그리고 나서 하나가 남았다

현생인류는 유럽에서 네안데르탈인을 대신하게 된다. 아마도 다른 모든 원시인류archaic humans 또한 호모 사피엔스가 아프리카로부터 팽창해 나올 때 생존해 있었을 것이다. 유럽에 출현하기 전부터 우리 조상들은 오스트레일리아에서 모습을 드러냈고, 수천 년 후에 아메리카 대륙에 정착하게 된다. 이 가운데 어느 곳도 사람과科 동물이 개척한 적이 없는 땅이었다.

우리 조상들의 다양한 섭식과 강한 환경 적응력, 독특한 인구 특성의 결과를 확인해보자. 그들은 급격한 인구 증가를 이뤄냈을 뿐 아니라 6만 년 만에 멀리 떨어진 지구 구석구석까지 진출했다. 6만 년은 지리학적 관점에서 보자면 지극히 짧은 시간이며, 현재는 더 이상 뻗어나갈 땅이 없을 정도다. 우리는 생존한 유일한 인류로, 인구는 10억에 달하며 인간의 활동은 지구 환경에 부담을 준 나머지 기후마저 변화시키고 있다. 그 결과 더 많은 종이 극심한 위협에 처해 있다. 그렇다면 인간은 어떨까? 새로운 환경 속에서 인간은 계속 살아남을 수 있을까? 아니면 과거의 경쟁자들처럼 지구상에서 사라져버릴까?

한 가지 사실만은 분명해 보인다. 다시 한번 인간은 변화된 환경, 특히 기후변화와 생물 다양성의 위기에 융통성 있게 대처해야 한다. 기후변화와 생물 다양성의 위기는 대량멸종을 가져올 수 있다. 다행히도 인간에게는 적응할 시간이 아직 남아있다.

카 테 리 나 하 바 티 Katerina Harvati

네안데르탈인의 진화와 현생인류의 기원을 전문적으로 연구하는 고고인류학자다. 그녀의 연구 주제에는 형태학상의 변종과 유전적, 환경적 요소의 관계, 원시의 진화와 인류 생활사의 관계와 같은 진화 이론이 포함된다. 현재 아프리카와 이집트, 그리고 고향인 그리스에서 현장 탐사를 수행 중이다. 2004년, 막스플랑크 진화인류학연구소로 옮기기 전까지 뉴욕대학교New York University 인류학과에서 조교수로 일했으며, 뉴욕시립대학원 인류학과 협력교수를 지냈다. 하바티가 동료와 함께 남아프리카의 동쪽 케이프 지역에서 발견한 인간 두개골은 〈타임〉 지의 '2007년 최고의 과학적 발견'에 선정되었다.

I7
우주 속 인간의 주소

션 캐럴_캘리포니아공과대학 수석연구원

부자연스러운 숫자의 비밀

과학은 이해에 관한 학문이지만 오해의 힘으로 발전한다. 관찰이 예측과 일치할 때 과학은 전진하기 힘들다. 실험 결과가 기존의 학설과 어긋날 때에야 과학은 비로소 발전하기 시작한다. 아무리 뛰어난 학설이라도 모든 현상을 원하는 만큼 다 설명할 수는 없다. 과학자들의 목표는 학설의 범위를 미지의 대상으로까지 확장하는 것인데, 기존의 이론으로는 도저히 설명 되지 않는 사실들facts이 목표를 추구하는 데 가장 큰 도움이 된다.

그러나 여기에도 어려움이 따른다. 어떤 학설은 적용할 수 있는 범위 안에서는 관찰 결과를 잘 설명해주지만 어쩐지 결정적인 학설은 아닌 것 같다는 느낌을 준다. 그 완벽한 예가 바로 입자물리학particle physics의 표준모형이다. 1960, 70년대에 만들어진 표준모형 덕분에 입자물리학자들은 1980, 90년대에 걸쳐 수집한 산더미 같은 데이터를 거의 영웅적인 기세로 설명해낼 수 있었다. 중성미자의 질량과 암흑물질dark matter, 암흑에너지dark energy가 존재한다는 증거가 발견된 최근에 이르러서야 표준모형은 허물어지기 시작했고 그것을 대체할 새로운 학설은 아직 나타나지 않고 있다.

그러나 애초부터 표준모형이 입자물리학의 진로를 결정지을 만큼 중요한 것이라고는 누구도 생각하지 않았다. 무엇보다 표준모형은 기본적인 힘인 중력을 포함하고 있지 않기 때문에 불완전하며, 또한 완전히 '자연스러워' 보이지는 않는다. 표준모형은 아주 많은 입자를 포함하며 수많은 매개변수로 설명 가능하다. 그런데 이러한 매개변수의 값이 그다지 이치에 맞지 않아 보인다. 약한 핵력the weak nuclear force에 대한 한 가지 결정적인 에너지 추정치는 존재하지만, 이것은 예측보다 너무나 작다. 표준모형이 실험적 시험장치를 통과했다고 해도 뭔가 찜찜한 기분을 떨칠 수 없다. 이 산만하기 짝이 없는 혼돈의 기저에는 분명 더욱 간단하고 튼튼한 정렬이 놓여 있을 것이다.

사람마다 자연스러움에 대한 기준이 다를 수 있다. 한 사람에게 완벽하게 자연스러워 보이는 것이 다른 이에겐 의심스러운 것일 수 있다. 그러나 물리학자에게는 자연스러움을 판단하는 확실한 기준이 있다. 좋은 물리학 이론은 반드시 일련의 숫자와 함께 나온다. 적어도 특정한 모형의 범위 안에서의 자연상수the constants of nature 말이다.

만약 숫자가 비정상적으로 크거나 작으면 학자들은 그 모형이 부자연스럽다고 여기기 시작한다. 과학자들은 이렇게 도발적으로 느껴질

만큼 크거나 작은 숫자를 설명할 수 있는 단서를 자연에서 찾고 싶어한다. 자연스럽지 않은 숫자에 대한 명백한 예는 진공에너지vacuum energy, 즉 빈 공간의 에너지 밀도에서 찾을 수 있다. 우리는 에너지를 특정 종류의 물질과 관련한 것으로 생각하곤 한다. 그러나 일반상대성이론의 맥락에서 보면 에너지는 우주 자체의 구조fabric에서 고유한 것이다.

어떻게 그 사실을 알 수 있을까? 아인슈타인에 의하면 모든 형태의 에너지는 공간의 팽창에 기여한다. 평범한 물질과 방사선은 분산되지만, 같은 밀도로 항상 유지되는 진공에너지는 우주의 팽창을 끊임없이 자극한다. 그 때문에 멀리 있는 은하수가 더 빠르게 멀어진다. 우주 팽창의 가속화는 1998년에 발견되어, 진공에너지라는 가설적 개념이 너무나 확실한 실재라는 사실을 증명해보였다.

그러나 이것은 자연스럽지 않다. 문제는 진공에너지라는 아이디어 자체에 있는 것이 아니라 가속화를 설명하는 진공에너지의 양에 있다. 그 양이 너무나 작기 때문이다. 과학자들은 진공에너지가 응당 가져야 할 값을 예측하기 위해 다른 자연상수의 측정된 값, 즉 빛의 속도나 뉴턴의 중력 상수, 양자역학으로부터 플랑크의 상수Planck's constant를 모을 수 있다. 그 값은 세제곱 센티미터당 약10^{112} 에르그erg(에너지의 단위, 1다인dyne의 힘이 물체에 작용하여 1센티미터만큼 움직이게 하는 일의 양—옮긴이)로 나타난다.

자, 이 값이 너무 크게 느껴지는가? 그렇다, 이것은 실제로 큰 수치다. 그러나 측정된 값은 세제곱 센티미터당 10^{-8}에르그에 지나지 않는다. 이것은 거의 같아야 할 숫자 사이의 차이치고는 너무나 크다. 도대체 어떻게 된 일일까?

한정된 우주 안에서 사고하기

아마도 우주가 그 비밀을 알고 있을 것이다. 관찰된 진공에너지는 부자연스러울 정도로 작아 보인다. 그러나 여기에 문제가 있다. 만약 그 값이 훨씬 컸다면 우리는 지금 이곳에 앉아 이런 논의를 할 수조차 없었을 것이다. 만약 진공에너지가 세제곱 센티미터당 약 10^{112} 에르그에 달하는 '자연스러운' 값과 비슷한 어떤 값이라도 가졌다면, 공간은 너무나 엄청난 속도로 팽창해서 각각의 원자는 행성은 물론 항성과 은하수에서부터 떨어져 나가버렸을 것이다. 어쩌면 인간이 우주의 별난 부분에 살고 있기 때문에 별나게 작은 진공에너지를 관찰하는 것일지도 모른다. 우리를 둘러싼 관측되는 우주observed universe는 매우 큰 스케일에 걸쳐 놀라울 만큼 비슷한 것 같다. 수십억 광년 떨어진 우주 공간이나 비교적 가까운 곳이나 똑같은 숫자의 은하가 존재한다.

그러나 우리는 우주 전체를 볼 수는 없다. 빛이 한정된 속도로 여행하므로 관측할 수 있는 거리는 제한적이다. 그러나 관측 가능한 시야 너머로 우주가 끝없이 펼쳐져 있을 수 있으며 그곳은 더 이상 한결같지 않을 수 있다. 사실 지금 이곳에서 유효한 물리법칙과 자연상수는 장소에 따라 변할 수 있다. 한결같지 않은, 마치 여러 조각이 얼룩딜룩하게 모인 것 같은 우주를 상상해보라. 각각의 조각은 성질이 같지만, 다른 조각들끼리는 조건과 매개 변수가 서로 완전히 다른 우주를 말이다. 인간은 그 가운데 당연히 더 쾌적한 조각에 머물 것이다.* 누가 봐도 지극히 자연스러운 압도적인 전체 중의 극도로 비전형적인 작은 일부만을 우리가 목격하고 있기 때문에 진공에너지 값이 부자연스럽게 보이는 것일 수도 있다.**

어쩌면…… 그렇지 않을 수도 있다! 관측된 우주의 이상한 특성을 더 크고 관측 불가능한 '다중우주multiverse'에 적용되는 선정 효과Selection effect의 관점에서 설명하려는 시도에는 무리가 따른다. 우선, 몇 안 되는 수치를 설명하기 위해 각기 다른 물리법칙을 갖는 다수의 우주를 언급하는 것은 그리 경제적인 방법이 아니다. 다음으로, 이러한 추론이 올바른 방향으로 가고 있는지 확인하는 일은 매우 어렵다. 다름아닌 다중우주의 존재 유무 때문이다. 만약 자연상수가 인간의 존재와 모순된다면 인간은 존재할 수조차 없었을 것이다. 각기 다른 물리법칙을 갖는 여러 공간 조각의 모임은 부자연스러운 매개 변수를 설명할 수 있는 한 방법이다. 또다른 설명은 고유한 물리법칙이 우연히 지성을 갖춘 생명체의 존재와 양립하게 되었다는 것이다. 두 가지 설명 중 무엇을 선택해야 할까?

빅뱅big bang이 단서를 제공한다. 우주론자들은 빅뱅을 두 가지 의미로 사용한다. 빅뱅 자체는 우주가 존재하게 된 특이한 순간singular moment이라고 알려진다. 반면 빅뱅 모형은 우주의 진화 과정을 설명하

---

* 여러 개의 우주가 있어서 각 우주가 모두 다른데 그 하나의 우주에서 인간이 사는 것을 가정하는 내용이다. 여러 조건의 우주가 있지만 인간은 살 수 있는 조건을 만족하는 하나의 우주에 살고 있다는 뜻이다.
** 전체 우주의 모임을 생각하면 진공에너지 값이 문제가 없겠지만, 우리가 전체를 대표하지 못하는 하나의 우주만을 목격하기 때문에 관찰한 진공에너지 값이 이상한 값으로 보인다는 뜻이다.

는 시나리오다. 우주의 역사가 어떻게 시작되었는지 우리는 거의 알지 못한다. 따라서 빅뱅이 일어난 순간에 대한 설명은 순전히 추측에 의한 것이다. 그러나 아주 먼 시초부터 오늘날에 이르는 우주의 진화에 대해서는 지금까지 꽤 많은 사실이 드러났다. 빅뱅 모형은 굳건한 경험적 근거 위에 놓여 있다. 그럼에도 불구하고 입자물리학의 표준모형과 마찬가지로, 데이터에 꼭 들어맞는 빅뱅 모형의 성공이 자연스러움에 관한 골치 아픈 문제들을 없애버리는 것은 아니다.

과거에 우주는 어떤 모습이었을까

현대 우주론의 수수께끼 가운데 하나는 초기 우주가 왜 그런 모습이었냐는 것이다. 여기서 나는 자연상수가 아니라 바로 우주의 상대적 배열configuration에 관해 말하고 있다. 현재 우주의 배열은 진공에너지의 이면에서 진화하는 가스와 항성, 그리고 암흑물질이 희박하게 퍼진 집합체처럼 보인다.

우주는 팽창하며 식어가고 있다. 그러므로 과거에 우주는 더 뜨겁고 밀도가 높았으며 매끄러웠다. 우주는 거의 단일한 모습으로 시작되었고, 빅뱅 이후 140억 년에 걸쳐 가차없는 중력의 이끌림이 항성과 은하를 서서히 불러모았다. 우리가 알 수 있는 한 우주는 영원히 팽창할 것이다. 은하들은 더 멀리 떨어져갈 것이고 마침내 우주는 모든 물질이 빈 공간으로 흩어져 버리면서 다시 완전히 매끄러운 상태가 될 것이다. 아주 먼 미래에 우주는 마치 입자들의 묽은 죽처럼 될 것이다. 영원히 점점 더 차가워지고 서로서로 더 멀리 떨어지면서 말이다. 이 논의의

한 가지 특성은 명확하게 짚고 넘어갈 필요가 있다. 과거는 미래와 매우 달랐다는 사실이 그것이다. 초기의 우주는 뜨겁고 밀도가 높았다. 후에 우주는 차가워지고 묽어졌다. 왜 그렇게 됐을까? 우리는 그 답을 알지 못한다.

과거와 미래 사이의 구별은 우주를 생각하는 인간의 방식에 너무나 뿌리 깊게 각인되어 있어서 설명할 필요조차 없을 것 같다. 물에 대해 무감각한 물고기와 마찬가지로 우리는 시간의 화살arrow of time에 대한 난해한 수수께끼를 거의 인식하지 못한다. 그러나 이것은 인간이 살고 있는 물리적 환경의 가장 두드러진 특징이다. 달걀은 오믈렛이 될 수 있다. 그러나 오믈렛은 다시 달걀이 되지 못한다. 과거는 기억할 수 있지만 미래는 그렇지 못하다. 영화를 거꾸로 돌려본 사람이라면 누구나 알 수 있듯이, 시간은 터무니없는 불합리의 세계로 뛰어들지 않는 한 되돌릴 수 없다. 인간이 살고 있는 환경의 역학 안에서는 과거와 미래 사이의 대칭성은 존재하지 않는다.

우리를 어리둥절하게 하는 것은 물리학의 기본 법칙에 이러한 대칭이 존재한다는 사실이다. 그것은 시간이 앞으로 흐르거나 뒤로 흐르거나 똑같이 문제없이 작동한다. 그러나 일상에서 겪는 모든 일은 어째서 이와는 전혀 다른 사실을 말하고 있는 걸까?

시간의 화살의 기원은 우주의 시작으로 거슬러 올라가 추적할 수 있을지 모른다. 물리학자들은 엔트로피entropy의 관점에서 시간의 진행에 대한 정보를 알아낼 수 있다. 만약 모아놓은 물건이 흩어지면 물건들은 무질서한 몇 가지 배열 상태가 된다. 즉 고도의 엔트로피 상태가 되는 것이다.

그러나 물건을 정확하게 배치하는 몇 가지 방법이 있다. 그리고 정연하게 배치된 엔트로피는 그에 상응해 낮아진다. 정돈된 카드 한 벌은 엔트로피가 낮다. 반면 뒤섞인 카드 한 벌은 엔트로피가 높다. 높은 엔트로피의 배치는 낮은 엔트로피의 배치보다 더 자연스럽다. 세상엔 높은 엔트로피 상태가 훨씬 더 많이 존재하기 때문이다.

높은 엔트로피 상태가 더 자연스럽고 많기 때문에 고립된 물리적 체계의 엔트로피는 시간이 흐르면서 증가하는 경향이 있다. 이것이 바로 열역학 제2법칙이다. 이 법칙은 물리학의 모든 원칙 가운데 가장 사랑받는 원리다. 이 두 번째 법칙은 오믈렛이 달걀로 되돌아갈 수 없다는 사실을 보증해준다. 달걀은 오믈렛보다 엔트로피가 훨씬 낮다. 오믈렛이 되는 것보다 달걀이 되도록 분자들이 배치되는 방법이 훨씬 더 적기 때문이다.

그러나 이것이 끝이 아니다. 나머지 이야기를 들어보자. 고도의 엔트로피 상태가 되는 방법이 낮은 엔트로피 상태가 되는 방법보다 더 많기 때문에 엔트로피는 증가하는 경향이 있다. 그러나 이것은 엔트로피가 처음에 왜 낮은 상태인지 설명하지 못한다. 그러나 실제로 처음에는 엔트로피가 낮다. 우주의 엔트로피는 터무니없이 작게 시작되었다가 그 후 계속해서 성장했다.

자, 생각해보자. 관측된 우주는 수십억 광년에 걸쳐 퍼진 엄청난 수의 입자를 담고 있다. 그러나 초기에는 우주의 극단적으로 작은 지역의 뜨겁고 밀도 높은 플라스마plasma 안으로 모든 입자가 정교하게 쥐어짜져 있었다. 얼마나 부자연스러운가? 입자들이 서로에게서 아주 멀리 떨어져 퍼질 수 있는 더 많은 방법이 있는데, 시간이 지나면서 바로 그런 일이 실제로 일어났다. 지금 우주는 중간 정도의 엔트로피 상태에 있으며 미래에 엔트로피는 엄청나게 커질 것이다. 엔트로피는 확실히 증가되는 것을 좋아한다. 그러나 과거에는 놀랄 만큼 작았다.

어째서 우주는 처음부터 죽 고도의 엔트로피 상태로 존재하지 않았을까? 우주 물질과 방사선이 어째서 함께 뒤섞여 들어가야 했는지 우리는 명확히 알지 못한다. 그것들은 영원히 희박하게 우주 공간으로 퍼져나가는 것이 더 나았을 수도 있으며, 그렇다면 시간의 화살은 결코 존재하지 않았을 것이다. 우주는 과거와 미래 사이의 구분 없이 그저 그 자리에 존재했을 것이고 어떤 일도 일어나지 않았을 것이다.

빅뱅 이전

자, 그렇다면 누구나 다음과 같이 예상할 수 있을 것이다. 어떤 일도 일어나지 않는 고도의 엔트로피 상태의 우주에서 도저히 일어날 수 없는 일 가운데 하나가 바로 생명의 출현이다. 우리가 생각할 수 있는 생명의 모든 특성은 시간의 화살에 깊이 의존하고 있다. 한 치의 과장 없이 생명이란 엔트로피의 증가에 의한 시간을 통해 전개된다. 만약 엔트로피가 처음부터 죽 컸다면 결코 증가할 수 없었을 것이고, 생명은 존재하지 못했을 것이다. 빅뱅 근처의 낮은 엔트로피를 설명하기 위해 이러한 인본적 추론을 사용해도 될까?

반드시 그렇지는 않다. 만약 부자연스러운 어떤 것이 생명이 존재하기 위해 반드시 필요하다면 그것은 생명이 살 수 있는 우주를 설명하기 위해 충분히 잘 조율된 것으로 봐야 하지만, 그뿐이다. 이것이 바로 진공에 너지 값에 대해 과학자들이 발견한 사실이다. 그것이 감지할 수 있을 만큼 컸다면 우리는 이곳에 앉아 이런 이야기를 나눌 수 없었을 것이다.

그러나 엔트로피의 경우는 다르다. 초기의 우주는 매우 특별하게 배열되어 있었을 뿐 아니라 생명의 존재를 설명하기 위해 필요한 것보다 훨씬 엔트로피가 낮았다. 인간 존재는 기껏해야 우리가 사는 은하에서 발견할 수 있는 종류의 환경을 요구한다. 그러나 그것은 관측된 우주의 천억 개의 은하 가운데 하나에 불과하다. 이것이 의미하는 것은 무엇일까? 은하에 모인 물질은 어째서 공간 속으로 퍼져나가지 않는 걸까? 설혹 생명체가 낮은 엔트로피로 시작하는 우주를 필요로 한다 해도, 우주는 초기에 조율을 위해 불필요한 낭비를 한 것 같다.

더 많은 우주학자들이 빅뱅 이전에 일어난 일에 대한 질문을 던지고 있다. 우리는 폭발을 무한한 밀도와 곡률curvature을 가졌던 순간으로 생각하려 하지만, 실상 정확한 지식은 가지고 있지 않다. 과학자들은 양자역학의 요구와 일반상대성이론의 휘어진 시공간을 조화시키는 방법을 모른다.

관측되는 우주가 아직 밝혀지지 않은 전사prehistory를 가지고 있다는 사실을 증명하기 위해, 점점 더 많은 물리학자들이 대폭발의 신비 너머로 상상력을 뻗치고 있다. 과학자들은 전사 안에서 잘 조율된 낮은 엔트로피 상태의 초기 우주에 대한 설명을 발견할지도 모른다. 고도의 엔트로피 상태의 우주를 상상해보라. 그곳은 춥고 묽으며 입자들은 서로서로 멀리 떨어져 흩어져 있다. 하지만 여전히 진공에너지가 존재하며 따라서 빈 공간조차 완벽하게 정지된 상태는 아니라는 사실을 기억하기 바란다.

그러한 에너지에 직면하면 진공 안에는 줄어들 수 없는 요동fluctuation이 존재한다. 입자들이 나타났다 사라지며, 장field들은 종종 통계적으로 있을 법하지 않은 모양으로 배치된다. 충분히 기다린다면 제대로 된 배치가 나타날 것이고, 이것은 완전히 새로운 우주의 출현에 필요한 조건이다. 물질과 에너지의 짧은 파동은 작은 지역에서 축적될 수 있다. 분리된 우주 거품bubble of space을 집어내고 생성해내는 방법으로 시공간의 구조를 왜곡하면서 말이다. 거품은 팽창되고 자라날 수 있으며 결국 식어서 항성과 은하 속으로 응축될 것이다.

이것이 바로 우리가 살고 있는 우주일지 모른다. 우리가 보는 입자들은 원래는 작고 빽빽한 지역으로 모여든 것일 수도 있다. 관측된 우주에서 증가하는 엔트로피와 그에 상응한 시간의 화살은 새로운 우주를 탄생시킴으로써 더 많은 엔트로피를 생성하려는 다중우주의 만족을 모르는 욕망의 반영일지 모른다. 만약 인간에게 전체를 볼 수 있는 눈이 있다면 이 모든 것은 꽤 자연스러운 것일 수도 있다.

어쩌면…… 그렇지 않을 수도 있다. 그러나 우리에겐 이러한 생각을 실험해볼 자원이 없다. 하지만 그 전에라도 올바른 실험 방법을 찾기 위해 생각을 가다듬을 수 있으며, 그 생각의 결과를 이해하려 노력할 때 인간은 우주의 비밀을 알 수 있을 것이다. 최선을 다해 우주의 목소리에 귀 기울이는 것은 바로 인간의 몫이다.

션 캐럴Sean Carrol

2006년부터 캘리포니아공과대학Caltech에서 수석연구원으로 일하고 있다. 1993년, 하버드대학교에서 〈장이론에서의 위상적이고 기하학적인 현상의 우주론적 결과〉라는 논문으로 박사학위를 받았다. MIT의 이론물리학 센터와 캘리포니아주립대학교 산타바바라 캠퍼스(UCSB)의 이론물리학연구소에서 박사후 과정 연구원으로 일했으며, 시카고대학교University of Chicago 물리학과 조교수를 지냈다.

그의 연구는 우주론, 장이론, 입자물리학, 중력을 포함한 이론물리학의 여러 주제를 다룬다. 현재 암흑물질과 암흑에너지의 속성에 관해 연구 중이다.

18
암흑에너지의 정체

스테폰 알렉산더_하버포드컬리지 물리학과 교수

지금껏 알려진 가장 당혹스러운 물질

물리학자들은 모든 자연현상과 대부분의 발달된 기술이 두 가지 물리학적 원리, 즉 양자역학과 상대성이론에서 나온다는 사실을 안다. 처음부터 받아들여진 것은 아니지만, 지금은 이 두 원리가 아주 강력하고 놀라운 방식으로 서로 연결되어 있다는 사실 또한 밝혀졌다.

1920년대 말, 폴 디랙Paul Dirac을 비롯한 과학자들이 양자 분야의 개념을 발전시켰다. 그들의 연구는 아인슈타인의 특수상대성이론과 양자역학의 결합이 자연계에 존재하는 근본적인 네 가지 힘 가운데 세 가지, 즉 전자기력과 약한 핵력, 강한 핵력the strong nuclear force의 통일을 설명한다는 사실을 보여줬다. 이러한 성공에도 불구하고 양자역학과, 네 번째 힘인 중력을 묘사하는 아인슈타인의 일반상대성이론의 통일은 아직 밝혀지지 않았다. 일단 일반상대성이론과 양자역학의 광범위한 영향과 마법을 확신하게 되면 물리학자들은 둘 사이의 깊은 관련성을 반드시 상상하게 된다. 몇몇 야심에 찬 연구자들은 심지어 네 가지 힘 전부를 통일하는 것을 연구 목표로 삼으려 한다.

나는 이 글에서 물리학계가 통일을 연구할 수 밖에 없었다는 주장을 하려 한다. 두 영역 모두에 영향을 주는 보이지 않는 낯선 형태의 에너지의 존재 때문이다. 이것을 우리는 암흑에너지라고 부른다. 지난 세기로 막 들어설 무렵은 양자이론과 상대성이론이 태동하기 직전이었다. 오늘날 물리학은 그때보다 훨씬 더 발전했다. 당시, 많은 저명한 물리학자들은 실험을 통해 사소한 세부 사항을 쓸어버릴 수 있을 거라고 생각했다. 그들은 우주를 지배하는 물리법칙이 대부분 밝혀졌다고 확신했다.

공교롭게도 양자역학과 일반상대성이론은 앞서 말한 '사소한' 실험상의 세부 사항을 설명하기 위해 고안되었다. 기억할 만한 가장 정교한 물리학적 이론은 양자전기역학QED으로, 이는 리처드 파인만Richard Feynman의 양자장이론qunatum field theory의 공식이다. QED는 양자역학과 아인슈타인의 특수상대성이론의 완벽한 결합이다. QED의 방정식은 전자의 양자 스핀quantum spin에 의해 발생하는 전자기장의 크기를 말해주는데, 이는 관찰 결과와 소수점 아홉 자리까지 일치한다. 이는 뉴욕에서 로스앤젤레스까지의 거리를 머리카락 두께보다 작은 오차 범위 내에서 측량하는 것과 비슷한 정도의 정확성이다.

QED의 모체가 되는 이론인 QFT는 1센티미터보다 1조 배 작은 비율의 거리에서부터 복잡한 분자운동에 이르는 적용 영역에서 중력을 제외한 모든 물리를 포함한다. 이 이론이 성립하려면 암흑에너지의 존재가 필요하며, QFT는 소수점 120자리를 넘어가야 관찰 결과와 일치하지 않는 예측을 낳는다! 지금껏 알려진 가장 당혹스러운 물질인 암흑에너지는 그 자체를 직접적으로 관찰할 수는 없으며, 아원자subatomic 단계에서뿐 아니라 우주상의 가장 먼 거리를 가로질러 활동할 수 있는 유일한 물질이다.

원자핵 깊숙한 곳과 머나 먼 행성의 이동에서 암흑에너지의 활동을 관측할 수 있다. 암흑에너지의 편재성遍在性은 위대한 지성들의 마음을 사로잡았는데, 아인슈타인도 그 중 한 명이었다. 도무지 정의하기 어려운 성질 덕분에 암흑에너지는 우주상수 또는 진공에너지라는 이름으로 통한다(나는 이러한 명칭을 번갈아 사용하겠다). 이것은 공간의 구조에 존재하는 파도와 같은 성질을 띤 물질이다. 이 글에서 나는 우리 은하계의 가장 작은 단계와 가장 큰 단계 사이의 놀라운 연결성을 보여줄 것이다.

상대론적 우주론

일반상대성이론은 물질과 에너지가 춤추는 고정된 빈 무대를 공간과 시간이 함께 구성할 수 없다는 사실을 보여준다. 그보다는 시공간 자체가 물질에 대한 반응으로 휘어진다. 우주는 왜 이런 방식으로 행동할까? 아인슈타인은 질량이 발생할 수 있는 두 가지 각기 다른 방식에 대해 질문하면서, 가속 또는 중력에 의한 이끌림이 그 이유라고 설명한다.

바깥을 볼 수 없는 각기 다른 엘리베이터에 탄 두 사람에 관한 아인슈타인의 사고실험thought experiment을 살펴보자. 한쪽 엘리베이터는 우주 공간에 있는데, 탑승자는 그 사실을 알지 못한다. 처음에는 자유롭게 떠다니지만 일단 엘리베이터가 속도를 내며 올라가면서 엘리베이터 바닥에 발이 닿게 되고 탑승자는 무게, 곧 질량을 느끼게 된다. 또다른 엘리베이터는 멈춘 채 지구상에 서 있다. 이 엘리베이터의 탑승자 역시 무게를 경험하는데, 이것은 중력의 이끌림 때문이다.

아인슈타인은 이 가상적 실험을 통해 등가원리equivalence principle에 다다랐고 그것을 "내 평생 가장 행복한 발견"이라고 불렀다. 등가원리는 무중력 상태의 가속운동은 중력장에 직면해 정지해 있는 것과 같다는 사실을 말해준다. 완전히 다른 두 가지 운동상태가 질량에 대해 똑같이 느끼게 하는 것이다. 이것을 좀더 자세히 살펴보자.

아인슈타인은 운동의 상대성 뒤에는 중력의 신비를 조명해줄 새로운 현실이 있다는 사실을 깨달았다. 질량과 중력은 둘 다 공간이 휘어져 있다는 증거다! 특수상대성이론이 어떤 기준에서도 빛의 속도가 일정하다는 사실을 보여준 것처럼, 일반상대성이론은 정지 상태를 포함한 모든 운동이 상대적인 반면, 시공간 자체가 물질이나 에너지를 직면해 구부러질 수 있다는 사실은 절대적이라는 사실을 말해준다.

위 실험은 등가원리로도 설명할 수 있다. 엘리베이터를 움직이게 하는 에너지는 공간을 휘어지게 하고, 그로 인해 엘리베이터에는 가속이 붙는다. 마찬가지로 지구의 질량은 공간을 휘어지게 하며, 그 때문에 중력이 발생한다. 일반상대성이론의 궁극적인 결과는 공간이라는 배경 없이도 중력이 작용한다는 사실이다. 반면 두 개의 자석이 방출하는 자기장에 의해 작용하는 자력magnetic force은 확장할 수 있는 공간이 필요하다. 중력장 역시 중력을 운반하지만 자연계에서 발견할 수 있는 다른 장들과는 달리 시공간이라는 배경이 필요하지 않다. 중력장은 그 자체로 배경이 되는 시공간이다.

빛의 속도가 어디든 똑같은 것과 마찬가지로, 일반상대성이론도 전체 우주의 시간과 공간의 움직임에 적용된다. 물리학자들은 일반상대성이론을 이용해 물질과 에너지에 직면한 시공간의 구조와 움직임을 이해하려고 애썼다. 드러난 시공간의 구조는 물질과 빛의 움직임에 영향을 준다. 예를 들어 블랙홀의 경우, 중력장이 너무 커서 빛이 빠져나올 수 없다. 일반상대성이론은 중력의 새로운 성질을 설명하고 예측하는 데 전례 없는 성공을 거두었다. 하지만 여전히 머리를 싸매고 풀어야 할 난제가 남아 있다.

사고실험 우주론

여기 또다른 사고실험이 있다. 먼저 우주 공간을 거대한 풍선의 표면이라고 가정해보자. 표면 위의 모든 지점은 다른 모든 지점과 똑같다. 모든 은하가 풍선 우주의 표면에 위치한 고정된 지점과 일치한다고 상상해보자. 만약 풍선의 지점들에 놓인 물질의 분포를 안다면 일반상대성이론의 방정식은 풍선 표면의 공간이 어떻게 변하는지 말해줄 것이다.

우주의 물질은 고르게 분포되어 있으며 특혜를 갖는 관찰자도 없다는 코페르니쿠스 원리의 간단한 가정 덕분에, 아인슈타인과 러시아의 수학자 알렉산더 프리드만Alexander Freedmann은 (둘의 연구는 독자적으로 이루어진 것이다.) 일반상대성이론을 이용해 우주 시공간의 대규모 움직임을 설명할 수 있는 해결책을 발견할 수 있었다. 그들이 발견한 것은 우주의 물질이 마치 누군가 풍선에 바람을 불어넣는 것과 같은 효과를 낸다는 사실이었다. 즉 우주는 팽창한다. 그들의 해법은 지동설과 양립할 수 있었지만, 놀랍게도 우주의 정적인 성격과 관찰에 의한 선입견을 반박하는 것이었다. 당시에는 우주의 팽창이 관찰되지 않았으며, 따라서 그 해법은 잘못된 예측을 낳을 것 같았다. 유능한 물리학자들은 이럴 때 일반상대성이론을 고수할 수 있는 방법을 안다. 임시방편적인 요소를 도입해 이론의 장점을 지키면서 원치 않는 면은 제거하면 된다.

아인슈타인은 팽창이나 수축을 상쇄하고 우주를 고정된 상태로 만들기 위해 방정식에 우주상수를 도입할 수 있다는 사실을 깨달았다. 그러나 1924년에 천문학자 에드윈 허블 Edwin Powell Hubble이 우주가 '정말로' 팽창하고 있다는 사실을 밝혀냈고, 아인슈타인은 우주상수가 자신의 "가장 큰 실수였다"고 인정했다. 아인슈타인이 몰랐던 것은 이 임시방편적 요소가 우주를 고르게 채우고 있는 눈에 보이지 않으며 낯선, 반발하는 유체repellent fluid와 정확히 똑같이 행동한다는 사실이었다. 이것이 바로 암흑에너지다.

아인슈타인의 방정식이 묘사하는 팽창하는 우주는 우주의 나이가 약 140억 년이라는 사실을 정확하게 예측한다. 태초에 특이점*singularity 으로부터 생겨나 우주는 (대부분의 에너지가 복사의 형태를 지녔던) 높은 밀도의 복사지배시대radiation-dominated epoch를 거쳤다. 우주가 차가워지

＊ 빅뱅 이론에서 태초는 어마어마한 밀도와 온도를 가진 특이점을 가지고 있다고 설명하며, 특이점은 물리학의 모든 법칙이 전혀 맞지 않는 시공간을 의미한다.

면서 복사는 수소에서 리튬에 이르는 가벼운 물질들로 변환되었고, 이것들이 모여 최초의 행성과 은하가 되었다. 이러한 상대론적 우주모형은 '빅뱅 이론'으로 알려지게 된다. 하지만 엄청난 성공에도 불구하고 이 모형이 밝혀내지 못한 것이 있었으니, 바로 균일한 코페르니쿠스의 원리로 어떻게 은하와 은하군으로 이루어진 균일하지 않은 우주의 구조를 설명할 수 있느냐는 것이었다. 그러나 적어도 한동안 우주상수에 대한 논의는 사라졌다.

그러다 1998년, 우주학자 사울 펄머터Saul Perlmutter와 애덤 리스Adam Riess, 브라이언 슈미트Brian Schmidt가 먼 곳에서 폭발하는 행성들의 움직임인 초신성supernova을 자세히 관찰하게 되었다. 그 결과 '일정하게 팽창하는 우주'라는 허블의 관찰 결과는 엄청나게 멀리 떨어진 곳, 말하자면 허블이 관찰할 수 있었던 거리보다 더 먼 곳에서는 맞지 않다는 사실이 밝혀졌다. 그들이 발견한 것은 우주가 점점 빠르게 팽창하고 있다는 사실이었다. 학자들은 얼마 안 있어 무엇이 지구의 팽창을 가속화하는지 밝혀냈다. 범인은 우주상수였다. 사실 우주상수만이 펄머터를 비롯한 학자들의 관측과 은하의 형성과 지속과 같은 수많은 관측이 암시하는 것들을 설명할 수 있는 유일한 동인인 것 같았다. 이제는 암흑에너지로 더 잘 알려진 우주상수는 더 이상 임시방편적인 요소가 아니었고, 학자들은 우주상수의 진정한 기원과 성격을 밝혀내야만 했다.

멀리 떨어진 곳에서는 중력과 비교해 전자기력과 두 가지 핵력은 무시해도 될 만큼 작다. 어디에나 존재하고 고르게 퍼져 있으며 반발하는 물질인 암흑에너지가 중력에 작용한 덕분에 우주의 조직이 빠르게 움직인다는 증거가 관찰을 통해 드러났지만, 문제는 자연계에서 '공간이 스스로 밀치는' 성질을 띤 물질이 지금껏 한 번도 발견되지 않았다는 사실이다. 암흑에너지는 모든 아원자 입자가 가진 보편적인 양자적 성질인 음negative의 압력과 양positive의 에너지를 부여하는 성질을 공유한다.

그러나 일반상대성이론은 암흑에너지의 성격과 기원을 만족스럽게 밝혀주지는 못한다. 적어도 현재까지 일반상대성이론이 알려주는 것은, 빈 공간은 지속적인 에너지를 가질 수 있으며 따라서 이 에너지가 우주의 팽창을 가속화하는 반발하는 힘을 구성한다는 것이 전부다. 그러나 일반상대성이론에서 우주상수의 존재 유무는 문제가 되지 않는다. 물질과 에너지에 대한 가장 정확한 이해는 양자장이론의 아원자적 영역에 존재한다. QFT의 비어 있음, 즉 진공에 관한 개념은 항상 일정한 에너지의 원천을 밝히는 데 도움이 된다.

장을 느끼기

인간은 자연계에 존재하는 어떤 것보다 장場과 친숙하다. 우리는 장을 듣고 보고 느낀다. 인간은 빛과 소리, 열을 장으로 가장 잘 묘사하는데, 이는 장이 특정한 영역에 걸쳐 늘 일정하기 때문이다. 특유의 광범위한 성격 덕분에 장은 자연에 존재하는 기본적인 네 가지 힘을 운반하는 매개체다. 예를 들어, 전기장은 전하를 띤 입자로부터 바깥으로 방사되어 반대의 전하를 띤 입자를 끌어당긴다. 아인슈타인은 빛의 방사가 전자들을 금속에서 끌어낼 수 있다는 사실을 밝힌 공로로 노벨 상을 수상했다. 이 발견으로 아인슈타인은 전자기장의 입자적인 성질을 확립했다.

말하자면 장은 입자일 수 있다. 그러나 입자가 장이 될 수 있을까?

여기 또다른 사고실험이 있다. 폭포 때문에 흐름을 방해받는 강을 상상해보라. 폭포로 향하는 대부분의 물은 이어지는 시내의 일부지만, 때때로 흐르는 물에서 물방울이 떨어져나온다. 이때 물의 일부가 증발하지만 대부분은 폭포 아래 시내에서 다시 만난다. QFT는 이 폭포와 유사하다. 전자 자체를 공간의 어디에나 존재하는 장으로 생각해보면, 작은 물방울과 마찬가지로 전자는 결국 입자로서 원래의 전자기장으로 되돌아온다.

양자역학이 특수상대성이론과 통합되면, 장의양자론은 두 가지 중요한 예측을 만들어낸다. 첫째, 장들은 입자가 없는 빈 공간에 존재하는 근본적인 객체다. 강은 장들이 사는 진공 상태라고 생각할 수 있다. 입자는 진공에서 발생하거나 진공에서 파괴될 수(혹은 파괴되는 것처럼 보일 수) 있다. 시내를 떠난 물방울이 폭포로 다시 돌아오는 것처럼 말이다. 폴 디락은 QFT의 깜짝 놀랄 만한 결과인 반물질antimatter을 발견했다. 디락의 추론에 의하면, 진공상태는 존재할 수 있는 가장 낮은 에너지 상태이기 때문에 입자는 그것의 반입자가 생겨나지 않는 한 자연발생적으로 나타날 수는 없다. 진공상태에서 자연적으로 발생하는 물질과 반물질은 두 금속판을 서로 끌어당기게 하는 전기력을 만들어낸다. 이러한 진공의 양자적 성격을 '카시미르 효과Casimir effect'라고 하는데, 이것은 진공에너지의 존재에 대한 직접적인 증거다.

자, 이제 결정적인 이야기를 할 차례다. 진공에너지의 성질은 바로 암흑에너지의 양자적 표현에 다름아니다! 이 에너지가 빈 공간의 모든 지점에 존재한다고 생각한다면 다음과 같은 결론을 내릴 수밖에 없다. 암흑에너지는 거의 무한한 양의 우수상수를 구성하는데, 이것은 펄머터와 그의 동료가 관찰한 것을 훨씬 넘어서는 비율로 그 즉시 우주의 팽창을 가져온다. 장의양자론에 의하면, 진공에너지는 무한하지만 QFT가 거의 완벽하게 들어맞는 핵물리학의 유용한 예측들을 부정하지 않고도 무한한 에너지를 뺄 수 있다. 거의 무한대의 진공에너지를 빼서 제거하는 QFT의 능력은 해수면을 낮추는 것과 유사하다. 만약 대양 한 가운데서 작은 배를 타고 있다면 파도의 높낮이를 느낄 것이다. 그러나 만약 지구상의 모든 바다에서 꾸준히 물이 빠지고 있다면 그것을 인식하지 못할 것이며, 여전히 자신이 탄 배에 작용하는 표면파만을 인식할 것이다. 바다의 상대적인 높이와 마찬가지로, 엄청난 양의 진공에너지는 QFT의 유용한 예측과 실험적 성공에 영향을 주지 않고도 무한한 에너지를 뺄 수 있다. 실험실에서 측정하는 진공 에너지의 모든 영향은, 배를 흔드는 물결과 마찬가지로 이러한 무한대의 뺄셈infinite subtraction을 요구한다.

일반상대성이론의 다음과 같은 사실을 상기해 보자. 형태와 상관없이 모든 에너지와 물질은 시공간의 구조에 영향을 준다. 그리하여 암흑에너지와 함께 에너지와 물질은 점점 더 빠른 속도로 더 많은 빈 공간을 만들어내기 위해 중력에 작용해야 하며, 지금 이 순간에도 가속화되고 있는 우주는 이러한 기대에 부합한다. 가장 성공적이며 기술적으로도 유용한 아원자 물리학의 설명인 QFT는 암흑에너지의 존재 이유를 보여주지만, 중력에 대해서는 다음과 같은 곤란한 예측을 하게 한다. QFT가

정말 정확할 수 있을까? 진공에너지는 정말로 무한에 가까우며 중력은 그것에 무감각할 수 있을까? 만약 그렇다면 일반상대성이론에는 무언가 빠진 것이다. 장의양자론과 일반상대성이론 모두 암흑에너지와 진공의 구조를 부정확하게 설명한다는 것이 다른 가능한 예측이다.

물리학자들은 지난 반 세기 동안 암흑에너지, 즉 우주상수 문제와 씨름해왔고, 여러 가지 유망한 제안에도 불구하고 연구는 별다른 성과를 내지 못하고 있다. 해답을 찾기 위해 과학자들은 문제의 밑바탕에 놓인 두 가지 원리인 일반상대성이론과 양자화quantization에 대한 논쟁을 다시 시작해야 한다.

미래의 방향, 상대적 환원주의

물리학 이론의 진화가 주는 교훈은, 새로운 패러다임은 그 전 이론들보다 더 넓은 범위를 포괄한다는 사실이다. 결국 뉴턴의 법칙들은 관찰할 수 있는 거의 모든 상황을 완벽하게 설명한다. 그것은 일반상대성이론으로부터 나왔는데 우리 태양계에서는 그 효과를 볼 수조차 없다(태양과 매우 가까운 거리에 있는 수성을 제외하고 말이다). 이것은 장의양자론에도 똑같이 적용된다. 장의 양자를 우주의 컴퓨터 스크린 위에 놓인 화소라고 상상해보자. 우리가 컴퓨터 화면을 볼 때 픽셀을 전혀 신경쓰지 않는 것처럼, QFT 역시 거시적 수준에서 나무와 소, 자동차와 같은 물체에 대한 정확한 그림을 보여준다.

명확해진 한 가지 패턴은 물질과 에너지를 상대성이론의 대상으로 볼수록 더 많은 기본 입자들이 새로 발견될 것이라는 점이다. 그러나 이 입자들은 분할할 수 없는 실재일까? 환원주의에 대한 선입견을 유지하면서, 다시 말해 새로운 입자들을 분할할 수 없다고 확신하면서 우리는 물질과 시공간의 내재된 분할을 유지한다. 하지만 암흑에너지는 이 선입견을 직시하게 해 진공을 절대적인 실재가 아닌 상대적인 것으로 보게 한다. 말하자면 빈 공간에 대한 양자 개념을 상대화해야 한다.

암흑에너지는 중력의 영향이 지배적인 긴 거리에 걸쳐 작용한다. 그러나 역설적이게도 QFT에 의하면 중력의 효과가 전혀 없는 것처럼 보이는 아원자 단계에서 암흑에너지는 거의 무한해야 한다. 내가 언급했듯이 거리의 수준이 작아질수록 더 많은 새로운 기본 입자들이 발견된다. 그러나 아주 거시적으로는 양자 효과는 그 반대의 일을 할 수 있다. 즉 기본 입자들은 '창발하는 양자 현상emergent quantum phenomenon'이라고 불리는 새로운 실재, 예를 들어 초전도와 초유동체처럼 집단적으로 행동할 수 있다. 새롭게 떠오르는 이 물리 현상의 근본적인 성질은 바로 집단 행동이다.

아인슈타인의 가르침과 유사하게 우주적 진공은 관찰되는 일반상대성이론의 질량–에너지 굴곡과 시공간 굴곡을 그려내는 동시에, 어떤 관찰자의 동작 상태와도 상관없이 일관성이 있어야 한다. 그러나 관측자 자신도 물질이며 빈 공간으로부터 탄생했다. 관측자를 구성하는 것이 과연 무엇인지에 대한 정의는 QFT와 일반상대성이론에서 다르다. 물리법칙에서 이 두 가지 패러다임 사이에는 항상 조용한 긴장이 있어 왔으니 창발과 환원주의가 그것이다. 앞서 언급한 엘리베이터 탑승자와 같은 관측자가 단지 새로운 물리학의 또다른 측면이라면 암흑에너지 문제는 사라질까?

이러한 시각에서 기본 입자 혹은 관측자에 대한 개념은 절대적일 수 없다. 아마도 아원자 단계에서 볼 수 있는(기본 입자라고 여겨지는) 물질은 공간 자체 구조의 양자적 창발과 동일할 것이다. 한쪽 관측자에게 기본 입자였던 것이 다른 관측자에게는 창발인 셈이다. 이 관점에서, 새로운 상대성원리는 움직임뿐 아니라 기본 입자 상대성fundamental particle relative과 그것과 연관된 진공의 정확한 개념 또한 만들어낼 것이다. 물리적 결론은, 물질이 공간을 창조할 수 있으며 공간은 물질 속으로 스스로 휘어질 수 있다는 사실이다. 아원자 단계에서 기대할 수 있는 거의 무한대의 암흑에너지는 사실 더 먼 거리에 걸친 창발하는 시공간 물질의 인공물일 수 있다. 이 가능성은 지난 반 세기 동안 천문학자들을 혼란에 빠뜨린 또다른 신비인 암흑에너지를 설명하는 것으로 끝나버릴 수도 있다.

스테폰 알렉산더Stephon H. Alexander

하버포드컬리지Haverford College의 물리학과 부교수다. 2000년에 〈끈이론과 우주론의 접점에 관한 논제들〉이라는 논문으로 브라운대학교Brown University에서 물리학 박사학위를 받았다. 알렉산더는 우주상수와 암흑에너지와 같은 해결되지 않은 난제에 대해 연구하는데, 이것들은 우주론을 양자물리학이나 기본 입자의 표준모형과 연결한다. 그는 특히 우주론의 관찰 결과를 근본적인 이론을 세우고 시험하는 데 사용한다.

10년 후 세계,
그리고 새로운 아이디어의 탄생

'남들보다 먼저 10년 후 세계를 그려볼 수 있다면?'

그렇게만 된다면 우리는 치열한 경쟁에서 살아남을 수 있는 대단히 강력한 무기를 얻을 뿐 아니라 미래라는 파도에 위축되지 않고 신나게 몸을 맡길 수 있을 것이다.

여기, 10년 후 세계를 예측하는 가장 젊고 뜨거운 천재들의 보고서가 있다. 자연과학과 사회과학, 거기에 인문학까지, 다루고 있는 주제도 다양할뿐더러 이들의 목소리는 신선하고 자유롭다. 낯설지만 정신을 번쩍 들게 할 통찰을 담고 있다.

이 책을 우리말로 옮기는 과정은 순간순간 짜릿한 흥분의 연속이었다. 미래사회의 가능성과 에너지를 누구보다 먼저 엿본다는 생각 때문이었다. 무엇보다 인상적이었던 것은 이 책에 실린 글의 상당수가 미래사회에 대한 디스토피아적 전망을 낳은 기존의 학설과 통념, 상식들을 뒤집고 있다는 사실이다. 예컨대 인간의 뇌가 공리주의자들이 아닌 절대적 윤리와 의무를 강조하는 칸트의 이론에 걸맞게 진화해왔으며, 뇌가 천성적으로 타인의 고통에 민감하게 반응한다는 주장은 실로 놀랍지 않은가?

1장은 무엇이 인간을 '인간'으로 만드느냐에 답한다. 미래사회의 모습을 예측하는 이 책이 '인간이란 무엇이냐'는 철학적 질문으로 시작한다는 사실은 의미심장하다. 결국 아직 밝혀지지 않은 인간 존재의 비밀이 과거와 현재는 물론, 다가올 내일의 열쇠 또한 쥐고 있다는 뜻이리라. 각각의 필자는 도덕과 윤리, 언어, 상상력, 사회성이라는 키워드를 중심으로 인간다움의 본질에 접근한다. 특히 뇌과학을 도구로 인간의 도덕적 본능을 재조명한 조슈아 그린과 크리스천 케이서스의 글은 대단히 흥미롭다. 이들의 논의는 본질적이며 또한 미래적이다. 인간이 만들어갈 미래사회의 가장 큰 그림을 그려볼 수 있게 하기 때문이다.

2장은 (역시 뇌과학을 이용해) 우리가 가진 통념들을 속 시원히 뒤집어버린다. 뇌가 청소년기를 지나서까지 성장한다는 사라-제인 블레이크모어의 주장은 교육에 대한 기존의 접근을 근본적으로 뒤흔든다. 교육학자들은 사춘기 청소년을 위해 제공할 수 있는 최상의 교육이 무엇인지 다시 진지하게 고민해야 하며, 그 결과에 따라 미래 교육의 방향이 결정될 것이기 때문이다. 문화가 구성원의 성향을 결정짓는 것이 아니라 구성원의 뇌 구조가 문화를 결정한다는 매튜 리버맨의 주장 또한 세계를 보는 새롭고도 유용한 틀을 제공한다.

3장은 이 책의 하이라이트다. '기억'의 생물학에 관한 샘 쿡의 글은 공상과학 영화에서나 가능했던 일이 곧 현실이 될 수 있다고 주장한다.

230

기억의 조작과 삭제가 제기할 윤리적 함의에 대한 고민도 뒤따른다. 인위적인 장치를 통해 인간의 능력을 근본적으로 향상시킬 수 있다고 주장하는 닉 보스트롬의 글 또한 미래사회의 놀라운 현실을 보여주면서, 인간이 감당해야 할 도덕적 책임을 제기한다.

4장은 3장에서 보여준 엄청난 과학적 진보와 기술력에도 불구하고 인간이 여전히 자신을 둘러싼 환경에 대해 무지(?)하다는 사실을 폭로한다. 우리는 인간이라는 종과, 다양한 생물들의 경이로운 메커니즘, 그리고 광대한 우주 너머의 신비에 대해 아직도 너무나 많은 것을 알아가야 한다. 이 장의 내용은 과학자를 비롯한 우리 모두를 겸손하게 한다. 이는 두렵도록 눈부신 미래사회를 준비하는 가장 중요한 덕목이 아닐까?

이 책을 우리말로 옮기는 과정은 결코 쉽지 않았다. 많은 부분 나의 부족함 때문이었지만, 원서가 가진 특성 또한 작용했다. 모두 열여덟 명의 저자가 뇌과학과 물리학, 인류학, 진화생물학, 지리학, 언어학, 철학, 해양학, 문화사회학, 미래학 등을 넘나들며 최신 과학용어를 사용하는 터에 번역하는 순간순간 마치 살얼음판을 걷는 것처럼 조심스러웠다.

게다가 이 책의 저자 대부분이 불과 몇 년 전에 박사과정을 마치고 교수로서, 연구자로서 활동하기 시작한 대단히 젊은 두뇌들이기 때문에 어려움은 더욱 컸다. 몇몇의 글은 아직 형성 단계에 있는 아이디어를 다루고 있다는 느낌을 주었는데, 이는 다음과 같은 사실을 말해준다. 이들 젊은 학자들이 다루고 있는 몇몇 주제는 전에 누구도 본격적으로 연구한 적이 없는 분야이고, 따라서 이들은 자신의 이론을 기존의 익숙한 용어들로 설명할 수 없었던 것 같다. 그러므로 이 책을 읽는 독자들이 혹시라도 느낄지 모를 불편함은, 대단히 독창적인original 새로운 아이디어의 탄생을 지켜보는 데 필요한 작은 수고라고 이해해주시면 감사하겠다.

홍옥수 선생의 도움이 없었다면 이 벅찬 작업을 결코 마무리하지 못했을 것이다. 이 책에 나오는 수많은 최신 과학 용어들과 이론들을 꼼꼼히 검토해, 번역 과정에서 발생할 수 있는 실수와 오류를 바로잡아준 홍옥수 선생은 이 책의 저자들과 같은 열정적인 젊은 과학자다. 바쁜 연구 일정 중에도 나의 문의에 한결 같은 성실함으로 답해준 노고에 마음으로부터 깊은 감사를 드린다.

항상 따뜻한 마음으로 격려해주시는 21세기북스 김성수 본부장님, 벅찬 원고와 씨름하며 길을 잃었을 때 꼭 필요한 조언을 해주신 인문실용팀 강선영 팀장님, 그리고 작업하는 내내 긍정의 에너지를 불어넣어주신 최혜령 기획편집자님, 정말 감사합니다.

이 책을 통해 독자들이 내가 느낀 짜릿한 흥분과 무릎을 치게 할 통찰을 얻는다면, 지난 수개월 간의 노력에 대한 가장 값진 선물이 될 것이다.

2010년 10월
한세정